Introduction

Pupils' written work
Abacus textbooks are unique in that they provide how their work should be recorded. Pupils should be encouraged to follow this guidance, which will make marking their work substantially easier and clearly focused.

Marking pupils' work
Clearly it is important that pupils' work is seen and checked by the teacher regularly, but it is not necessary for all work to be marked by the teacher. Decisions about which work should be teacher-marked, and how it should be marked will be made alongside the need to maximise time available for teaching and guiding pupils through their activities.

A suggested approach within Abacus is to make these decisions Unit by Unit. Decide, for example, for each Unit, which parts you want to mark, and which parts the pupils can mark.

Marking the 'Explores'
The 'Explores' should generally be marked by the teacher. The 'Explores' often require a systematic approach, and the answers give suggestions for these. These approaches can be communicated to the pupils, to help them develop systematic ways of working. Also, the pupils' responses to the 'Explores' may well vary because of the often open-ended nature of the activities.

For many 'Explores' you may want to ask the pupils to work in pairs or groups, possibly leading to a group display of the results of their 'exploration'.

Contents

Introduction
Number Textbook 1
Number Textbook 2
Shape, Data and Measures Textbook
Photocopy Masters

Number Textbook 1

page 3
Writing large numbers *Place-value* **N1**

1. £617,307 2. £429,202 3. £708,363 4. £980,971 5. £70,438
6. £319,048 7. £507,899 8. £295,620 9. £1,234,506 10. £990,999

- £70,438 £295,620 £319,048 £429,202 £507,899 £617,307
  £708,363 £980,971 £990,999 £1,234,506

11. 90,000 12. 900 13. 90,000 14. 9000 15. 900,000
16. 9000 17. 9

page 4
Writing large numbers *Place-value* **N1**

1. 68,714 2. 142,051 3. 704,609 4. 660,211
5. 812,090 6. 99,015 7. 333,000 8. 217,606
9. 404,540 10. 65,006

11. 10,000 12. 1000 13. 10 14. 1000 15. 1
16. 100 17. 1,000,000

page 5
Comparing large numbers *Place-value* **N1**

1. 704,218 < 940,218 2. 318,624 > 318,264
3. 497,209 > 497,202 4. 250,681 > 205,681
5. 500,239 < 500,299 6. 720,340 > 702,430
7. 891,998 > 819,998 8. 901,999 < 902,000
9. 543,345 > 534,554 10. 602,694 > 598,992

- 940,219 318,625 497,210 250,682 500,300 720,341 891,999
  902,000 543,346 602,695

11. Sam's friend's ticket number: 476,203
    Sam's mum's ticket number: 476,214
12. Mrs Diamond's house is worth more.
    Mr Big could sell his house for any amount between £179,250
    and £197,650.

Number Textbook 1
page 6
Place-value **N1**
Ordering large numbers

1. 668,138   756,343   857,909   875,981
2. 607,231   647,231   670,321   674,231
3. 909,472   909,742   990,471   990,741
4. 72,853   78,235   85,341   85,431
5. 278,316   287,361   300,265   301,256
6. 421,791   427,119   502,689   503,986
7. 57,091   57,099   69,999   70,991

- largest number: 990,741
  smallest number: 57,091

Explore   Answers will vary.

---

page 7
Place-value **N2**
Rounding to the nearest 10

1. 1472 km → 1470 km   2. 2091 km → 2090 km
3. 4207 km → 4210 km   4. 1008 km → 1010 km
5. 3646 km → 3650 km   6. 2402 km → 2400 km
7. 1998 km → 2000 km   8. 8043 km → 8040 km
9. 7951 km → 7950 km   10. 9099 km → 9100 km

-
1. 1472 km → 1500 km   2. 2091 km → 2100 km   3. 4207 km → 4200 km
4. 1008 km → 1000 km   5. 3646 km → 3600 km   6. 2402 km → 2400 km
7. 1998 km → 2000 km   8. 8043 km → 8000 km   9. 7951 km → 8000 km
10. 9099 km → 9100 km

11. 4286 → 4290   12. 2492 → 2490   13. 1059 → 1060   14. 6408 → 6410
15. 7264 → 7260   16. 9468 → 9470   17. 1047 → 1050   18. 6995 → 7000
19. 3051 → 3050   20. 9999 → 10,000

---

page 8
Place-value **N2**
Rounding to the nearest 100

1. 6750 → 6800   2. 7549 → 7500   3. 6666 → 6700   4. 5452 → 5500
5. 3149 → 3100   6. 2449 → 2400   7. 1062 → 1100   8. 1112 → 1100
9. 3451 → 3500   10. 3049 → 3000   11. 7126 → 7100   12. 9294 → 9300
13. 8409 → 8400

Number Textbook 1
page 8 cont ...
Place-value N2

14. 1747 → 1750   1747 → 1700   15. 6104 → 6100   6104 → 6100
16. 7208 → 7210   7208 → 7200   17. 8792 → 8790   8792 → 8800
18. 2548 → 2550   2548 → 2500   19. 5498 → 5500   5498 → 5500
20. 3996 → 4000   3996 → 4000

page 9
Place-value N2
Rounding to the nearest 1000

1. £7460 → £7000   2. £6546 → £7000   3. £4099 → £4000
4. £7500 → £8000   5. £8499 → £8000   6. £9250 → £9000
7. £1199 → £1000   8. £3501 → £4000   9. £9542 → £10,000
10. £684 → £1000

e   1. £2540   2. £3454   3. £5901   4. £2500   5. £1501
     6. £750   7. £8801   8. £6499   9. £458   10. £9316

Explore
100 numbers
0, 1, ..., 4 → 0
995, 996, ..., 1004 → 1000
1995, 1996, ..., 2004 → 2000
2995, 2996, ..., 3004 → 3000
3995, 3996, ..., 4004 → 4000
4995, 4996, ..., 5004 → 5000
5995, 5996, ..., 6004 → 6000
6995, 6996, ..., 7004 → 7000
7995, 7996, ..., 8004 → 8000
8995, 8996, ..., 9004 → 9000
9995, 9996, ..., 9999 → 10,000

page 10
Multiplication/division N3
Dividing

1. 15 ÷ 3 = 5   15 ÷ 5 = 3   2. 18 ÷ 3 = 6   18 ÷ 6 = 3
3. 35 ÷ 7 = 5   35 ÷ 5 = 7   4. 16 ÷ 8 = 2   16 ÷ 2 = 8
5. 27 ÷ 9 = 3   27 ÷ 3 = 9   6. 36 ÷ 9 = 4   36 ÷ 4 = 9
7. 8 ÷ 4 = 2   8 ÷ 2 = 4   8. 20 ÷ 5 = 4   20 ÷ 4 = 5
9. 49 ÷ 7 = 7

Number Textbook 1

page 10 cont ...
Multiplication/division **N3**

10. $72 \div 9 = 8$ $72 \div 8 = 9$ 11. $28 \div 4 = 7$ $28 \div 7 = 4$
12. $56 \div 8 = 7$ $56 \div 7 = 8$ 13. $48 \div 6 = 8$ $48 \div 8 = 6$
14. $63 \div 9 = 7$ $63 \div 7 = 9$ 15. $70 \div 7 = 10$ $70 \div 10 = 7$

16. $24 \div 6 = 4$ 17. $21 \div 7 = 3$ 18. $18 \div 9 = 2$ 19. $30 \div 6 = 5$
20. $30 \div 3 = 10$ 21. $18 \div 6 = 3$ 22. $56 \div 8 = 7$ 23. $45 \div 5 = 9$
24. $28 \div 4 = 7$ 25. $20 \div 5 = 4$ 26. $64 \div 8 = 8$ 27. $42 \div 6 = 7$
28. $48 \div 6 = 8$

page 11
Multiplication/division **N3**

Multiplying

1. a = 14 b = 35 c = 56
2. d = 27 e = 54 f = 81
3. g = 24 h = 36 i = 48 j = 54

4. $3 \times 7p = 21p$ 5. $7 \times 7p = 49p$ 6. $5 \times 7p = 35p$ 7. $9 \times 7p = 63p$
8. $4 \times 7p = 28p$ 9. $8 \times 7p = 56p$ 10. $6 \times 7p = 42p$ 11. $2 \times 7p = 14p$
12. $10 \times 7p = 70p$ 13. $11 \times 7p = 77p$ 14. $1 \times 7p = 7p$ 15. $12 \times 7p = 84p$

4a. $3 \times 9p = 27p$ 4b. $3 \times 5p = 15p$
5a. $7 \times 9p = 63p$ 5b. $7 \times 5p = 35p$
6a. $5 \times 9p = 45p$ 6b. $5 \times 5p = 25p$
7a. $9 \times 9p = 81p$ 7b. $9 \times 5p = 45p$
8a. $4 \times 9p = 36p$ 8b. $4 \times 5p = 20p$
9a. $8 \times 9p = 72p$ 9b. $8 \times 5p = 40p$
10a. $6 \times 9p = 54p$ 10b. $6 \times 5p = 30p$
11a. $2 \times 9p = 18p$ 11b. $2 \times 5p = 10p$
12a. $10 \times 9p = 90p$ 12b. $10 \times 5p = 50p$
13a. $11 \times 9p = 99p$ 13b. $11 \times 5p = 55p$
14a. $1 \times 9p = 9p$ 14b. $1 \times 5p = 5p$
15a. $12 \times 9p = £1·08$ 15b. $12 \times 5p = 60p$

page 12
Multiplication/division **N3**

Multiplying and dividing

1. $3 \times 5 = 15$ 2. $4 \times 7 = 28$ 3. $20 \div 4 = 5$ 4. $7 \times 6 = 42$
5. $24 \div 8 = 3$ 6. $5 \times 9 = 45$ 7. $21 \div 3 = 7$ 8. $10 \times 5 = 50$
9. $54 \div 9 = 6$ 10. $40 \div 5 = 8$ 11. $7 \times 8 = 56$ 12. $4 \times 9 = 36$
13. $24 \div 4 = 6$ 14. $8 \times 6 = 48$ 15. $36 \div 6 = 6$ 16. $4 \times 4 = 16$

Number Textbook 1
page 12 cont ...
Multiplication/division N3

1. $15 \div 5 = 3$ or
   $15 \div 3 = 5$
2. $28 \div 7 = 4$ or
   $28 \div 4 = 7$
3. $5 \times 4 = 20$ or
   $4 \times 5 = 20$
4. $42 \div 7 = 6$ or
   $42 \div 6 = 7$
5. $8 \times 3 = 24$ or
   $3 \times 8 = 24$
6. $45 \div 5 = 9$ or
   $45 \div 9 = 5$
7. $3 \times 7 = 21$ or
   $7 \times 3 = 21$
8. $50 \div 5 = 10$ or
   $50 \div 10 = 5$
9. $6 \times 9 = 54$ or
   $9 \times 6 = 54$
10. $5 \times 8 = 40$ or
    $8 \times 5 = 40$
11. $56 \div 8 = 7$ or
    $56 \div 7 = 8$
12. $36 \div 9 = 4$ or
    $36 \div 4 = 9$
13. $4 \times 6 = 24$ or
    $6 \times 4 = 24$
14. $48 \div 8 = 6$ or
    $48 \div 6 = 8$
15. $6 \times 6 = 36$
16. $16 \div 4 = 4$

× 6

in	3	5	1	7	0	6	2	9	4	8	10
out	18	30	6	42	0	36	12	54	24	48	60

× 4

in	3	5	1	7	0	6	2	9	4	8	10
out	12	20	4	28	0	24	8	36	16	32	40

× 8

in	3	5	1	7	0	6	2	9	4	8	10
out	24	40	8	56	0	48	16	72	32	64	80

Explore

3 odd answers
12 even answers

---

page 13
Remainders
Multiplication/division N4

1. $18 \div 4 = 4\,r\,2$ 2 tyres left
2. $21 \div 4 = 5\,r\,1$ 1 tyre left
3. $29 \div 4 = 7\,r\,1$ 1 tyre left
4. $34 \div 4 = 8\,r\,2$ 2 tyres left
5. $22 \div 4 = 5\,r\,2$ 2 tyres left
6. $28 \div 4 = 7$ 0 tyres left
7. $38 \div 4 = 9\,r\,2$ 2 tyres left
8. $42 \div 4 = 10\,r\,2$ 2 tyres left
9. $9 \div 4 = 2\,r\,1$ 1 tyre left
10. $15 \div 4 = 3\,r\,3$ 3 tyres left
11. $31 \div 4 = 7\,r\,3$ 3 tyres left
12. $49 \div 4 = 12\,r\,1$ 1 tyre left

$336 \div 4 = 84$ 84 cars could have new tyres

Number Textbook 1
page 13 cont ...
Multiplication/division N4

13. $20 \div 8 = 2\frac{4}{8} = 2\frac{1}{2}$
14. $44 \div 8 = 5\frac{4}{8} = 5\frac{1}{2}$
15. $30 \div 8 = 3\frac{6}{8} = 3\frac{3}{4}$
16. $76 \div 8 = 9\frac{4}{8} = 9\frac{1}{2}$
17. $28 \div 8 = 3\frac{4}{8} = 3\frac{1}{2}$
18. $4 \div 8 = \frac{4}{8} = \frac{1}{2}$
19. $58 \div 8 = 7\frac{2}{8} = 7\frac{1}{4}$
20. $54 \div 8 = 6\frac{6}{8} = 6\frac{3}{4}$

● 13. $20 \div 4 = 5$ 14. $44 \div 4 = 11$ 15. $30 \div 4 = 7\frac{1}{2}$ 16. $76 \div 4 = 19$
17. $28 \div 4 = 7$ 18. $4 \div 4 = 1$ 19. $58 \div 4 = 14\frac{1}{2}$ 20. $54 \div 4 = 13\frac{1}{2}$

page 14
Remainders
Multiplication/division N4

1. $54 \div 7 = 7\frac{5}{7}$
2. $71 \div 7 = 10\frac{1}{7}$
3. $26 \div 7 = 3\frac{5}{7}$
4. $36 \div 7 = 5\frac{1}{7}$
5. $32 \div 7 = 4\frac{4}{7}$
6. $16 \div 7 = 2\frac{2}{7}$
7. $59 \div 7 = 8\frac{3}{7}$
8. $43 \div 7 = 6\frac{1}{7}$
9. $48 \div 7 = 6\frac{6}{7}$
10. $67 \div 7 = 9\frac{4}{7}$
11. $51 \div 7 = 7\frac{2}{7}$
12. $79 \div 7 = 11\frac{2}{7}$
13. $22 \div 8 = 2\frac{6}{8} = 2\frac{3}{4}$
14. $28 \div 8 = 3\frac{4}{8} = 3\frac{1}{2}$
15. $54 \div 8 = 6\frac{6}{8} = 6\frac{3}{4}$
16. $66 \div 8 = 8\frac{2}{8} = 8\frac{1}{4}$
17. $10 \div 8 = 1\frac{2}{8} = 1\frac{1}{4}$
18. $33 \div 8 = 4\frac{1}{8}$
19. $45 \div 8 = 5\frac{5}{8}$
20. $73 \div 8 = 9\frac{1}{8}$
21. $59 \div 8 = 7\frac{3}{8}$
22. $19 \div 8 = 2\frac{3}{8}$
23. $30 \div 8 = 3\frac{6}{8} = 3\frac{3}{4}$
24. $84 \div 8 = 10\frac{4}{8} = 10\frac{1}{2}$

● $523 \div 8 = 65\frac{3}{8}$

page 15
Remainders
Multiplication/division N4

1. $42 \div 5 = 8\frac{2}{5}$
2. $23 \div 4 = 5\frac{3}{4}$
3. $50 \div 6 = 8\frac{1}{3}$
4. $50 \div 7 = 7\frac{1}{7}$
5. $27 \div 8 = 3\frac{3}{8}$
6. $54 \div 5 = 10\frac{4}{5}$
7. $69 \div 9 = 7\frac{2}{3}$
8. $76 \div 7 = 10\frac{6}{7}$
9. $42 \div 8 = 5\frac{1}{4}$
10. $38 \div 6 = 6\frac{1}{3}$
11. $80 \div 9 = 8\frac{8}{9}$
12. $30 \div 7 = 4\frac{2}{7}$
13. $30 \div 8 = 3\frac{3}{4}$
14. $44 \div 6 = 7\frac{1}{3}$
15. $50 \div 8 = 6\frac{1}{4}$
16. $14 \div 6 = 2\frac{1}{3}$

17. $23 \div 10 = 2\frac{3}{10} = 2\cdot 3$ 3 books needed
18. $47 \div 10 = 4\frac{7}{10} = 4\cdot 7$ 5 books needed
19. $53 \div 10 = 5\frac{3}{10} = 5\cdot 3$ 6 books needed
20. $62 \div 10 = 6\frac{2}{10} = 6\cdot 2$ 7 books needed
21. $18 \div 10 = 1\frac{8}{10} = 1\cdot 8$ 2 books needed

Number Textbook 1
page 15 cont ...
Multiplication/division **N4**

22. $39 \div 10 = 3\frac{9}{10} = 3.9$ 4 books needed
23. $8 \div 10 = \frac{8}{10} = 0.8$ 1 book needed
24. $75 \div 10 = 7\frac{5}{10} = 7.5$ 8 books needed
25. $90 \div 10 = 9$ 9 books needed

Explore
$61 \div 2 = 30$ r 1, $61 \div 3 = 20$ r 1, $61 \div 4 = 15$ r 1, $61 \div 5 = 12$ r 1, $61 \div 6 = 10$ r 1,
$61 \div 7 = 8$ r 5, $61 \div 8 = 7$ r 5, $61 \div 9 = 6$ r 7, $61 \div 10 = 6$ r 1, $61 \div 11 = 5$ r 6,
$61 \div 12 = 5$ r 1, ...

page 16
Multiplication/division **N5**
Doubling and halving
1. double 46 = 80 + 12 = 92
2. double 34 = 60 + 8 = 68
3. double 53 = 100 + 6 = 106
4. double 28 = 40 + 16 = 56
5. double 74 = 140 + 8 = 148
6. double 39 = 60 + 18 = 78
7. double 75 = 140 + 10 = 150
8. double 66 = 120 + 12 = 132
9. double 87 = 160 + 14 = 174

1. $46 \div 12 = 3$ r 10   4 boxes needed
2. $34 \div 12 = 2$ r 10   3 boxes needed
3. $53 \div 12 = 4$ r 5   5 boxes needed
4. $28 \div 12 = 2$ r 4   3 boxes needed
5. $74 \div 12 = 6$ r 2   7 boxes needed
6. $39 \div 12 = 3$ r 3   4 boxes needed
7. $75 \div 12 = 6$ r 3   7 boxes needed
8. $66 \div 12 = 5$ r 6   6 boxes needed
9. $87 \div 12 = 7$ r 3   8 boxes needed

10. half of 64 = 30 + 2 = 32
11. half of 86 = 40 + 3 = 43
12. half of 48 = 20 + 4 = 24
13. half of 124 = 60 + 2 = 62
14. half of 166 = 80 + 3 = 83
15. half of 96 = 45 + 3 = 48
16. half of 78 = 35 + 4 = 39
17. half of 154 = 75 + 2 = 77
18. half of 136 = 65 + 3 = 68

Number Textbook 1
page 17
Multiplication/division **N5**

Doubling and halving

1. double 320 = 600 + 40 = 640 km
2. double 240 = 400 + 80 = 480 km
3. double 460 = 800 + 120 = 920 km
4. double 170 = 200 + 140 = 340 km
5. double 580 = 1000 + 160 = 1160 km
6. double 650 = 1200 + 100 = 1300 km
7. double 280 = 400 + 160 = 560 km
8. double 790 = 1400 + 180 = 1580 km
9. double 830 = 1600 + 60 = 1660 km
10. double 950 = 1800 + 100 = 1900 km

● 1. half of 320 = 150 + 10 = 160 km
2. half of 240 = 100 + 20 = 120 km
3. half of 460 = 200 + 30 = 230 km
4. half of 170 = 50 + 35 = 85 km
5. half of 580 = 250 + 40 = 290 km
6. half of 650 = 300 + 25 = 325 km
7. half of 280 = 100 + 40 = 140 km
8. half of 790 = 350 + 45 = 395 km
9. half of 830 = 400 + 15 = 415 km
10. half of 950 = 450 + 25 = 475 km

11. half of 460 = 200 + 30 = 230 km
12. half of 280 = 100 + 40 = 140 km
13. half of 840 = 400 + 20 = 420 km
14. half of 630 = 300 + 15 = 315 km
15. half of 340 = 150 + 20 = 170 km
16. half of 780 = 350 + 40 = 390 km
17. half of 1270 = 600 + 35 = 635 km
18. half of 1750 = 850 + 25 = 875 km
19. half of 1150 = 650 + 25 = 575 km

● 11. double 460 = 800 + 120 = 920 km
12. double 280 = 400 + 160 = 560 km
13. double 840 = 1600 + 80 = 1680 km
14. double 630 = 1200 + 60 = 1260 km
15. double 340 = 600 + 80 = 680 km
16. double 780 = 1400 + 160 = 1560 km
17. double 1270 = 2400 + 140 = 2540 km
18. double 1750 = 3400 + 100 = 3500 km
19. double 1150 = 2200 + 100 = 2300 km

---

page 18
Multiplication/division **N5**

Doubling and halving

1. double £4·30 = £8 + 60p = £8·60
2. double £8·40 = £16 + 80p = £16·80
3. double £3·15 = £6 + 30p = £6·30
4. double £2·90 = £4 + £1·80 = £5·80
5. double £3·60 = £6 + £1·20 = £7·20
6. double £1·70 = £2 + £1·40 = £3·40
7. double £1·80 = £2 + £1·60 = £3·60
8. double £4·60 = £8 + £1·20 = £9·20
9. double £2·50 = £4 + £1 = £5·00

● 1. £17·20   2. £33·60   3. £12·60   4. £11·60   5. £14·40
   6. £6·80   7. £7·20   8. £18·40   9. £10·00

Number Textbook 1
page 18 cont ...
Multiplication/division N5

10. half of £4·20 = £2 + 10p = £2·10
11. half of £3·60 = £1·50 + 80p = £1·80
12. half of £5·40 = £2·50 + 20p = £2·70
13. half of £9·30 = £4·50 + 15p = £4·65
14. half of £8·70 = £4 + 35p = £4·35
15. half of £12·60 = £6 + 30p = £6·30

● 10. £6·30 11. £5·40 12. £8·10 13. £13·95 14. £13·05 15. £18·90

Explore
30 → 60 → 120 → 240 → 480 → ...
20 → 40 → 80 → 160 → 320 → ...
50 → 100 → 200 → 400 → 800 → ...
Answers will vary.

---

page 19
Multiplying and dividing
Multiplication/division N6

1. 3 × 14 = 42   42 ÷ 14 = 3   42 ÷ 3 = 14
2. 2 × 17 = 34   34 ÷ 17 = 2   34 ÷ 2 = 17
3. 5 × 18 = 90   90 ÷ 18 = 5   90 ÷ 5 = 18
4. 16 × 9 = 144   144 ÷ 9 = 16   144 ÷ 16 = 9
5. 7 × 15 = 105   105 ÷ 15 = 7   105 ÷ 7 = 15
6. 13 × 11 = 143   143 ÷ 11 = 13   143 ÷ 13 = 11
7. 5 × 17 = 85   85 ÷ 17 = 5   85 ÷ 5 = 17
8. 14 × 20 = 280   280 ÷ 20 = 14   280 ÷ 14 = 20
9. 8 × 16 = 128   128 ÷ 16 = 8   128 ÷ 8 = 16
10. 9 × 18 = 162   162 ÷ 18 = 9   162 ÷ 9 = 18

● 1. 14 × 3 = 42   2. 17 × 2 = 34   3. 18 × 5 = 90   4. 9 × 16 = 144
5. 15 × 7 = 105   6. 11 × 13 = 143 7. 17 × 5 = 85   8. 20 × 14 = 280
9. 16 × 8 = 128   10. 18 × 9 = 162

11. £3·20 × 4 = £12·80   £12·80 ÷ 4 = £3·20
12. £5·30 × 3 = £15·90   £15·90 ÷ 3 = £5·30
13. £10·90 × 2 = £21·80   £21·80 ÷ 2 = £10·90
14. £7·20 × 5 = £36·00   £36·00 ÷ 5 = £7·20
15. £1·10 × 7 = £7·70   £7·70 ÷ 7 = £1·10
16. £2·40 × 4 = £9·60   £9·60 ÷ 4 = £2·40
17. £1·30 × 9 = £11·70   £11·70 ÷ 9 = £1·30
18. £3·05 × 6 = £18·30   £18·30 ÷ 6 = £3·05
19. £6·10 × 8 = £48·80   £48·80 ÷ 8 = £6·10

Number Textbook 1
page 20
Multiplication/division N6
Multiplying and dividing
1. 192 ÷ 8 = 24   2. 153 ÷ 9 = 17   3. 198 ÷ 6 = 33   4. 145 ÷ 5 = 29
5. 7 × 14 = 98, 98 ÷ 7 = 14   6. 3 × 48 = 144, 144 ÷ 3 = 48
7. 5 × 34 = 170, 170 ÷ 5 = 34   8. 12 × 13 = 156, 156 ÷ 12 = 13
9. 8 × 19 = 152, 152 ÷ 8 = 19   10. 9 × 27 = 243, 243 ÷ 9 = 27

❷ 1. 192 ÷ 24 = 8   24 × 8 = 192   2. 153 ÷ 17 = 9   17 × 9 = 153
3. 198 ÷ 33 = 6   33 × 6 = 198   4. 145 ÷ 29 = 5   29 × 5 = 145
5. 98 ÷ 14 = 7   14 × 7 = 98   6. 144 ÷ 48 = 3   48 × 3 = 144
7. 170 ÷ 34 = 5   34 × 5 = 170   8. 156 ÷ 13 = 12 13 × 12 = 156
9. 152 ÷ 19 = 8   19 × 8 = 152   10. 243 ÷ 27 = 9   27 × 9 = 243

11. 14 × 11 = 154   12. 245 ÷ 35 = 7   13. 192 ÷ 8 = 24   14. 192 ÷ 8 = 24
15. $\frac{1}{7}$ of 245 = 35   16. 7 × 35 = 245   17. 13 × 21 = 273   18. 154 ÷ 14 = 11
19. $\frac{1}{8}$ of 192 = 24   20. 323 ÷ 17 = 19 21. 273 ÷ 13 = 21

page 21
Multiplication/division N6
Multiplying and dividing
1. 288 ÷ 6 = 48   48 boxes are needed.
2. 91 ÷ 7 = 13   She has been practising for 13 weeks.
3. 192 ÷ 8 = 24   He should put 24 books on each shelf.
4. 291 ÷ 3 = 97   Each episode is 97 minutes long.
5. 192 ÷ 24 = 8   The children get 8 crisps each.
6. 175 ÷ 5 = 35   The presents cost £35 each.

Explore
42 × 11 = 462
Numbers divisible by 11:   297, 781, 594, 891

The first and third digits of 3-digit numbers divisible by 11 add together to make the second digit, if this total is 9 or less. If the total is 10 or more, the second digit will be 1 less than the units digit of the total of the first and third digits.

Yes, 858 divides by 11. First digit + third digit = 8 + 8 = 16.
Units digit of total → 6.
Second digit → 5 = 6 − 1, so 858 is divisible by 11.

Answers will vary.

Number Textbook 1
page 22
Mixed numbers   Fractions/decimals   N7

1. $1\frac{1}{4}$ = 5 quarters
2. $3\frac{2}{5}$ = 17 fifths
3. $4\frac{5}{8}$ = 37 eighths
4. $3\frac{2}{3}$ = 11 thirds
5. $5\frac{1}{2}$ = 11 halves
6. $6\frac{3}{8}$ = 51 eighths
7. $2\frac{5}{6}$ = 17 sixths
8. $7\frac{3}{4}$ = 31 quarters
9. $4\frac{4}{5}$ = 24 fifths
10. $6\frac{3}{10}$ = 63 tenths
11. $4\frac{7}{8}$ = 39 eighths

1a. $1\frac{1}{4} = \frac{5}{4}$
2a. $3\frac{2}{5} = \frac{17}{5}$
3a. $4\frac{5}{8} = \frac{37}{8}$
4a. $3\frac{2}{3} = \frac{11}{3}$
5a. $5\frac{1}{2} = \frac{11}{2}$
6a. $6\frac{3}{8} = \frac{51}{8}$
7a. $2\frac{5}{6} = \frac{17}{6}$
8a. $7\frac{3}{4} = \frac{31}{4}$
9a. $4\frac{4}{5} = \frac{24}{5}$
10a. $6\frac{3}{10} = \frac{63}{10}$
11a. $4\frac{7}{8} = \frac{39}{8}$
12. $2\frac{7}{12} = \frac{31}{12}$
13. $1\frac{11}{12} = \frac{23}{12}$
14. $3\frac{5}{12} = \frac{41}{12}$
15. $2\frac{1}{12} = \frac{25}{12}$
16. $5\frac{3}{12} = \frac{63}{12}$
17. $2\frac{9}{12} = \frac{33}{12}$

ⓔ $1\frac{11}{12}$ $2\frac{1}{12}$ $2\frac{7}{12}$ $2\frac{9}{12}$ $3\frac{5}{12}$ $5\frac{3}{12}$

page 23
Proper and improper fractions   Fractions/decimals   N7

1. $\frac{7}{4} = 1\frac{3}{4}$ kg
2. $\frac{8}{5} = 1\frac{3}{5}$ kg
3. $\frac{10}{6} = 1\frac{2}{3}$ kg
4. $\frac{16}{7} = 2\frac{2}{7}$ kg
5. $\frac{13}{4} = 3\frac{1}{4}$ kg
6. $\frac{17}{5} = 3\frac{2}{5}$ kg
7. $\frac{12}{3} = 4$ kg
8. $\frac{15}{10} = 1\frac{1}{2}$ kg
9. $\frac{13}{3} = 4\frac{1}{3}$ kg
10. $\frac{16}{5} = 3\frac{1}{5}$ kg

ⓔ 1. 4 2. 5 3. 6 4. 7 5. 4 6. 5 7. 3 8. 10 9. 3 10. 5

11. $\frac{2}{3}$ 12. $\frac{4}{5}$ 13. $\frac{6}{7}$ 14. $\frac{5}{9}$ 15. $\frac{3}{4}$ 16. $\frac{9}{10}$ 17. $\frac{1}{2}$

page 24
Fractions   Fractions/decimals   N7

1. $\frac{6}{4} = 1\frac{2}{4} = 1\frac{1}{2}$ hours
2. $\frac{7}{3} = 2\frac{1}{3}$ hours
3. $\frac{24}{10} = 2\frac{4}{10} = 2\frac{2}{5}$ hours
4. $\frac{7}{2} = 3\frac{1}{2}$ hours
5. $\frac{7}{5} = 1\frac{2}{5}$ hours
6. $\frac{13}{6} = 2\frac{1}{6}$ hours
7. $\frac{20}{8} = 2\frac{4}{8} = 2\frac{1}{2}$ hours
8. $\frac{8}{3} = 2\frac{2}{3}$ hours
9. $\frac{18}{12} = 1\frac{6}{12} = 1\frac{1}{2}$ hours
10. $\frac{17}{5} = 3\frac{2}{5}$ hours
11. $\frac{3}{4}$ (other answers possible)
12. $\frac{3}{7}$ (other answers possible)
13. $\frac{2}{8}$
14. $\frac{5}{6}$ (other answers possible)

Number Textbook 1
page 25
Equivalent fractions
Fractions/decimals **N8**

1. $\frac{1}{2} = \frac{2}{4}$
2. $\frac{1}{2} = \frac{4}{8}$
3. $\frac{1}{4} = \frac{2}{8}$
4. $\frac{1}{3} = \frac{2}{6}$
5. $\frac{3}{4} = \frac{6}{8}$
6. $\frac{1}{2} = \frac{3}{6}$
7. $\frac{1}{3} = \frac{4}{12}$
8. $\frac{2}{3} = \frac{4}{6}$
9. $\frac{2}{3} = \frac{8}{12}$

10–20. Answers will vary.
@ Answers will vary.

---

page 26
Tenths and hundredths
Fractions/decimals **N8**

1. $\frac{60}{100} = \frac{6}{10}$
2. $\frac{30}{100} = \frac{3}{10}$
3. $\frac{90}{100} = \frac{9}{10}$
4. $\frac{10}{100} = \frac{1}{10}$
5. $\frac{50}{100} = \frac{5}{10}$
6. $\frac{20}{100} = \frac{2}{10}$
7. $\frac{40}{100} = \frac{4}{10}$
8. $\frac{80}{100} = \frac{8}{10}$
9. $\frac{70}{100} = \frac{7}{10}$

@ Answers will vary.

10. $\frac{6}{10}$ l $= \frac{60}{100}$ l
11. $\frac{4}{10}$ l $= \frac{40}{100}$ l
12. $\frac{7}{10}$ l $= \frac{70}{100}$ l
13. $\frac{5}{10}$ l $= \frac{50}{100}$ l
14. $\frac{3}{10}$ l $= \frac{30}{100}$ l
15. $\frac{9}{10}$ l $= \frac{90}{100}$ l
16. $\frac{2}{10}$ l $= \frac{20}{100}$ l
17. $\frac{8}{10}$ l $= \frac{80}{100}$ l
18. $\frac{45}{100}$ l

@ 10. 600 ml 11. 400 ml 12. 700 ml 13. 500 ml 14. 300 ml
15. 900 ml 16. 200 ml 17. 800 ml 18. 450 ml

---

page 27
Equivalent fractions
Fractions/decimals **N8**

1a. $\frac{6}{8} = \frac{3}{4}$
1b. $\frac{3}{12} = \frac{1}{4}$
1c. $\frac{7}{2} = \frac{14}{4}$
2a. $\frac{4}{8} = \frac{1}{2}$
2b. $\frac{3}{12} = \frac{1}{4}$
2c. $\frac{3}{9} = \frac{1}{3}$
3a. $\frac{60}{100} = \frac{6}{10}$
3b. $\frac{120}{100} = \frac{12}{10}$
3c. $\frac{10}{100} = \frac{1}{10}$
4a. $\frac{5}{10} = \frac{1}{2}$
4b. $\frac{50}{100} = \frac{1}{2}$
4c. $\frac{15}{10} = \frac{3}{2}$

@ $\frac{10}{100}$ $\frac{3}{12}$ $\frac{3}{9}$ $\frac{5}{10} = \frac{4}{8} = \frac{50}{100}$ $\frac{60}{100}$ $\frac{6}{8}$ $\frac{120}{100}$ $\frac{15}{10} = \frac{7}{2}$

Explore
Answers will vary.

Number Textbook 1
page 28
Fractions/decimals N9
Fractions and division

1. $\frac{1}{4}$ of £36 = £9
2. $\frac{1}{5}$ of £50 = £10
3. $\frac{1}{10}$ of £250 = £25
4. $\frac{1}{2}$ of £72 = £36
5. $\frac{1}{3}$ of £36 = £12
6. $\frac{1}{6}$ of £48 = £8
7. $\frac{1}{7}$ of £42 = £6
8. $\frac{1}{3}$ of £24 = £8
9. $\frac{1}{5}$ of £20 = £4
10. $\frac{1}{8}$ of £40 = £5

⊚ 1. $\frac{3}{4}$ of £36 = £27
2. $\frac{3}{4}$ of £50 = £37·50
3. $\frac{3}{4}$ of £250 = £187·50
4. $\frac{3}{4}$ of £72 = £54
5. $\frac{3}{4}$ of £36 = £27
6. $\frac{3}{4}$ of £48 = £36
7. $\frac{3}{4}$ of £42 = £31·50
7. $\frac{3}{4}$ of £24 = £18
8. $\frac{3}{4}$ of £20 = £15
9. $\frac{3}{4}$ of £40 = £30

11. $\frac{1}{3}$ of 33 = 11 $\frac{1}{6}$ of 33 = $5\frac{1}{2}$
12. $\frac{1}{4}$ of 28 = 7 $\frac{1}{8}$ of 28 = $3\frac{1}{2}$
13. $\frac{1}{3}$ of 30 = 10 $\frac{1}{6}$ of 30 = 5
14. $\frac{1}{6}$ of 48 = 8 $\frac{1}{12}$ of 48 = 4
15. $\frac{1}{4}$ of 44 = 11 $\frac{1}{8}$ of 44 = $5\frac{1}{2}$
16. $\frac{1}{7}$ of 35 = 5 $\frac{1}{14}$ of 35 = $2\frac{1}{2}$
17. $\frac{1}{2}$ of 42 = 21 $\frac{1}{4}$ of 42 = $10\frac{1}{2}$
18. $\frac{1}{3}$ of 45 = 15 $\frac{1}{6}$ of 45 = $7\frac{1}{2}$
19. $\frac{1}{2}$ of 50 = 25 $\frac{1}{4}$ of 50 = $12\frac{1}{2}$
20. $\frac{1}{6}$ of 42 = 7 $\frac{1}{12}$ of 42 = $3\frac{1}{2}$

page 29
Fractions/decimals N9
Fractions and division

1. $\frac{1}{8}$ of 56p = 7p,
   $\frac{3}{8}$ of 56p = 21p
2. $\frac{1}{5}$ of 40p = 8p,
   $\frac{4}{5}$ of 40p = 32p
3. $\frac{1}{3}$ of 60p = 20p,
   $\frac{2}{3}$ of 60p = 40p
4. $\frac{1}{6}$ of 72p = 12p,
   $\frac{5}{6}$ of 72p = 60p
5. $\frac{1}{10}$ of 90p = 9p,
   $\frac{9}{10}$ of 90p = 81p
6. $\frac{1}{8}$ of 72p = 9p,
   $\frac{7}{8}$ of 72p = 63p
7. $\frac{1}{3}$ of 81p = 27p
   $\frac{2}{3}$ of 81p = 54p

8. $\frac{1}{3}$ of £4·50 = £1·50
   £4·50 − £1·50 = £3·00
   Asif's mum gives him £3·00.

9. $\frac{1}{5}$ of 35 = 7
   $\frac{3}{5}$ of 35 = 21
   35 − 21 = 14
   Lily must collect 14 more conkers.

10. $\frac{1}{4}$ of £24 = £6
    $\frac{3}{4}$ of £24 = £18
    Clare owes her dad £18.

Number Textbook 1
page 30
Fractions/decimals **N9**

Fractions and division

1. $\frac{1}{2}$ of £2·20 = £1·10
   $\frac{1}{4}$ of £2·20 = 55p
2. $\frac{1}{2}$ of £4·20 = £2·10
   $\frac{1}{4}$ of £4·20 = £1·05
3. $\frac{1}{2}$ of £3·40 = £1·70
   $\frac{1}{4}$ of £3·40 = 85p
4. $\frac{1}{2}$ of £6·20 = £3·10
   $\frac{1}{4}$ of £6·20 = £1·55
5. $\frac{1}{3}$ of £2·10 = 70p
   $\frac{1}{6}$ of £2·10 = 35p
6. $\frac{1}{3}$ of £6·30 = £2·10
   $\frac{1}{6}$ of £6·30 = £1·05
7. $\frac{1}{3}$ of £10·50 = £3·50
   $\frac{1}{6}$ of £10·50 = £1·75
8. $\frac{1}{4}$ of £4·40 = £1·10
   $\frac{1}{8}$ of £4·40 = 55p
9. $\frac{1}{4}$ of £2·80 = 70p
   $\frac{1}{8}$ of £2·80 = 35p
10. $\frac{1}{4}$ of £12·00 = £3·00
    $\frac{1}{8}$ of £12·00 = £1·50

🌐 1. £1·65   2. £3·15   3. £2·55   4. £4·65   5. £1·75
   6. £5·25   7. £8·75   8. £3·85   9. £2·45   10. £10·50

Explore

$\frac{1}{3}$ of 96 = 32 $\frac{1}{6}$ of 96 = 16 $\frac{1}{12}$ of 96 = 8 $\frac{1}{24}$ of 96 = 4 $\frac{1}{48}$ of 96 = 2
$\frac{1}{3}$ of 72 = 24 $\frac{1}{6}$ of 72 = 12 $\frac{1}{12}$ of 72 = 6 $\frac{1}{24}$ of 72 = 3 $\frac{1}{48}$ of 72 = $1\frac{1}{2}$
$\frac{1}{3}$ of 120 = 40 $\frac{1}{6}$ of 120 = 20 $\frac{1}{12}$ of 120 = 10 $\frac{1}{24}$ of 120 = 5 $\frac{1}{48}$ of 120 = $2\frac{1}{2}$

page 31
Addition/subtraction **N10**

Making 100

1. 47 + 53 = 100
2. 62 + 38 = 100
3. 71 + 29 = 100
4. 84 + 16 = 100
5. 36 + 64 = 100
6. 45 + 55 = 100
7. 29 + 71 = 100
8. 37 + 63 = 100
9. 56 + 44 = 100
10. 68 + 32 = 100
11. 75 + 25 = 100
12. 82 + 18 = 100

13. 436 m + 64 m = 500 m, 64 m to next lap
14. 247 m + 53 m = 300 m, 53 m to next lap
15. 311 m + 89 m = 400 m, 89 m to next lap
16. 181 m + 19 m = 200 m, 19 m to next lap
17. 461 m + 39 m = 500 m, 39 m to next lap
18. 254 m + 46 m = 300 m, 46 m to next lap
19. 305 m + 95 m = 400 m, 95 m to next lap
20. 626 m + 74 m = 700 m, 74 m to next lap
21. 542 m + 58 m = 600 m, 58 m to next lap
22. 485 m + 15 m = 500 m, 15 m to next lap
23. 220 m + 80 m = 300 m, 80 m to next lap

Number Textbook 1

page 31 cont ...
Addition/subtraction **N10**

24. 324 m + 76 m = 400 m, 76 m to next lap
25. 519 m + 81 m = 600 m, 81 m to next lap
26. 164 m + 36 m = 200 m, 36 m to next lap
27. 773 m + 27 m = 800 m, 27 m to next lap
28. 265 m + 35 m = 300 m, 35 m to next lap

page 32
Making 1000
Addition/subtraction **N10**

1. 1000 − 380 = 620
2. 1000 − 420 = 580
3. 1000 − 350 = 650
4. 1000 − 110 = 890
5. 1000 − 250 = 750
6. 1000 − 450 = 550
7. 1000 − 640 = 360
8. 1000 − 330 = 670
9. 1000 − 750 = 250
10. 1000 − 840 = 160
11. 1000 − 650 = 350
12. 1000 − 520 = 480
13. 1000 − 480 = 520
14. 1000 − 610 = 390
15. 1000 − 850 = 150

◉ 1. 620 + 380 = 1000
2. 580 + 420 = 1000
3. 650 + 350 = 1000
4. 890 + 110 = 1000
5. 750 + 250 = 1000
6. 550 + 450 = 1000
7. 360 + 640 = 1000
8. 670 + 330 = 1000
9. 250 + 750 = 1000
10. 160 + 840 = 1000
11. 350 + 650 = 1000
12. 480 + 520 = 1000
13. 520 + 480 = 1000
14. 390 + 610 = 1000
15. 150 + 850 = 1000

Other possibilities using the commutative law.

16. 500 − 451 = 49 pieces
17. 500 − 412 = 88 pieces
18. 500 − 432 = 68 pieces
19. 500 − 484 = 16 pieces
20. 500 − 446 = 54 pieces
21. 500 − 478 = 22 pieces
22. 500 − 424 = 76 pieces

page 33
Making 100
Addition/subtraction **N10**

1. £100 − £72 = £28
2. £100 − £48 = £52
3. £100 − £36 = £64
4. £100 − £83 = £17
5. £100 − £27 = £73
6. £100 − £94 = £6
7. £100 − £60 = £40
8. £100 − £51 = £49
9. £100 − £19 = £81
10. £100 − £75 = £25

11. 64p − 20p = 44p
    £1 − 44p = 56p
    She needs 56p more.

12. 52 km + 24 km = 76 km
    100 km − 76 km = 24 km
    He must cycle 24 km more.

13. 32 − 10 = 22 minutes
    100 − 22 = 78 minutes
    78 minutes until the end of the tape.

Number Textbook 1
page 34
Adding several numbers

Addition/subtraction **N11**

1. 5 + 7 + 8 + 3 + 9 = 32
2. 8 + 8 + 9 + 5 + 9 = 39
3. 9 + 4 + 5 + 7 + 5 = 30
4. 3 + 2 + 5 + 9 + 7 + 9 = 35
5. 2 + 6 + 3 + 8 + 9 = 28
6. 1 + 9 + 8 + 6 + 9 = 33
7. 8 + 4 + 9 + 6 = 27

@ 224

8. £70 + £30 + £90 + £50 = £240
9. £60 + £90 + £40 + £10 = £200
10. £70 + £80 + £90 + £20 = £260
11. £10 + £90 + £90 + £30 = £220
12. £50 + £90 + £20 + £50 = £210
13. £90 + £40 + £40 + £60 = £230
14. £90 + £80 + £30 + £70 = £270
15. £20 + £50 + £80 + £90 = £240
16. £50 + £90 + £30 + £50 = £220
17. £90 + £60 + £20 + £40 = £210

page 35
Adding several 2-digit numbers

Addition/subtraction **N11**

1. 54 + 29 + 36 = 119
2. 39 + 72 + 28 = 139
3. 17 + 43 + 29 = 89
4. 24 + 49 + 36 = 109
5. 45 + 28 + 35 = 108
6. 34 + 29 + 36 = 99
7. 27 + 25 + 39 = 91
8. 72 + 18 + 9 = 99
9. 24 + 46 + 38 = 108
10. 64 + 23 + 36 = 123
11. 17 + 26 + 43 = 86

@ 1. 120   2. 140   3. 90   4. 110   5. 110   6. 100
    7. 90   8. 100   9. 110 10. 120 11. 90

47 + 23 = 70   26 + 34 = 60   21 + 19 = 40   21 + 29 = 50
91 + 19 = 110   91 + 29 = 120   82 + 78 = 160   45 + 15 = 60

page 36
Adding several multiples of 10

Addition/subtraction **N11**

1. 350 + 350 + 420 = 1120 mm
2. 330 + 250 + 250 = 830 mm
3. 150 + 170 + 150 = 470 mm
4. 440 + 440 + 610 = 1490 mm
5. 410 + 590 + 860 + 590 = 2450 mm
6. 380 + 670 + 730 + 670 = 2450 mm
7. 540 + 610 + 530 + 610 = 2290 mm

Number Textbook 1
page 36 cont ...
Explore

Addition/subtraction — N11

1
1 + 3 = 4
1 + 3 + 5 = 9
1 + 3 + 5 + 7 = 16
1 + 3 + 5 + 7 + 9 = 25
1 + 3 + 5 + 7 + 9 + 11 = 36
1 + 3 + 5 + 7 + 9 + 11 + 13 = 49
...

The totals of each row in the triangle are consecutive square numbers. The totals are the square of the number of numbers in the row, e.g. adding 7 consecutive square numbers gives the total $7^2 = 49$.

page 37
Adding several 2-digit numbers

Addition/subtraction — N11

1. 47p + 13p + 39p + 24p = 123p = £1·23
2. 28p + 89p + 32p + 37p = 186p = £1·86
3. 43p + 37p + 16p + 28p = 124p = £1·24
4. 54p + 29p + 27p + 36p = 146p = £1·46
5. 69p + 17p + 48p + 33p = 167p = £1·67
6. 25p + 67p + 55p + 43p = 190p = £1·90
7. 94p + 26p + 35p + 19p = 174p = £1·74
8. 61p + 39p + 79p + 18p = 197p = £1·97
9. 32p + 58p + 29p + 81p = 200p = £2
10. 64p + 52p + 54p + 19p = 189p = £1·89

◉ 1. 77p 2. 14p 3. 76p 4. 54p 5. 33p 6. 10p
   7. 26p 8. 3p   9. 0p   10. 11p

11. $\frac{1}{2}$ of 48p = 24p   24p + 66p + 75p = 165p   165p − 10p = 155p   He has £1·55.
12. 38 + 29 + 42 = 109 cm   150 − 109 = 41 cm   The tape is 41 cm long.

page 38
Adding two 4-digit numbers

Addition/subtraction — N12

1. 4365 + 4478 = 8843
2. 6483 + 2598 = 9081
3. 4596 + 5537 = 10,133
4. 3782 + 4335 = 8117
5. 6524 + 4613 = 11,137
6. 3987 + 8315 = 12,302
7. 9516 + 7268 = 16,784

Number Textbook 1
page 38 cont ...
Addition/subtraction N12

8. 4565 + 3788 = 8353
9. 2034 + 6883 = 8917
10. 4985 + 2925 = 791
11. 4136 + 5721 = 9857
12. 6005 + 7146 = 13,151
13. 8259 + 4061 = 12,320
14. 2074 + 5999 = 8073

⊚ 8. 8353 + 2715 = 11,068
9. 8917 + 2715 = 11,632
10. 7910 + 2715 = 10,625
11. 9857 + 2715 = 12,572
12. 13,151 + 2715 = 15,866
13. 12,320 + 2715 = 15,035
14. 8073 + 2715 = 10,788

page 39
Addition/subtraction N12

Adding two 4-digit numbers
1. 3564 + 4838 = 8402 tickets
2. 6092 + 1873 = 7965 tickets
3. 2064 + 5398 = 7462 tickets
4. 7344 + 3684 = 11,028 tickets
5. 4617 + 4988 = 9605 tickets
6. 2773 + 6319 = 9092 tickets
7. 8246 + 6532 = 14,778 tickets
8. 7034 + 2815 = 9849 tickets
9. 5960 + 4708 = 10,668 tickets
10. 9142 + 4655 = 13,797 tickets

⊚ 1. 15,000 − 8402 = 6598 seats
2. 15,000 − 7695 = 7305 seats
3. 15,000 − 7462 = 7538 seats
4. 15,000 − 11,028 = 3972 seats
5. 15,000 − 9605 = 5395 seats
6. 15,000 − 9092 = 5908 seats
7. 15,000 − 14,778 = 222 seats
8. 15,000 − 9849 = 5151 seats
9. 15,000 − 10,668 = 4332 seats
10. 15,000 − 13,797 = 1203 seats

Explore
168 → 861
168 + 861 = 1029
1029 → 9201
1029 + 9201 = 10,230
10,230 → 3201
10,230 + 3201 = 13,431 (palindromic)

364 → 463
364 + 463 = 827
827 → 728
827 + 728 = 1555
1555 → 5551
1555 + 5551 = 7106
7106 → 6017
7106 + 6017 = 13,123
13,123 → 32,131
13,123 + 32,131 = 45,254 (palindromic)

192 → 291
192 + 291 = 483
483 → 384
483 + 384 = 867
867 → 768
867 + 768 = 1635
1635 → 5361
1635 + 5361 = 6996 (palindromic)

553 → 355
553 + 355 = 908
908 → 809
908 + 809 = 1717
1717 → 7171
1717 + 7171 = 8888 (palindromic)

Number Textbook 1

page 40
Adding three 4-digit numbers

Addition/subtraction N12

1. 4763 + 5629 + 1206 = 11,598
2. 3617 + 4829 + 6018 = 14,464
3. 8275 + 3368 + 4237 = 15,880
4. 8104 + 2799 + 4081 = 14,984
5. 5546 + 2911 + 1769 = 10,226
6. 3427 + 4618 + 9258 = 17,303
7. 9699 + 5806 + 8173 = 23,678

◉
1. 11,598 + 896 = 12,494
2. 14,464 + 896 = 15,360
3. 15,880 + 896 = 16,776
4. 14,984 + 896 = 15,880
5. 10,226 + 896 = 11,122
6. 17,303 + 896 = 18,199
7. 23,678 + 896 = 24,574

8. 3242 + 3689 + 2965 = 9896   Plane has flown 9896 miles.
   12,000 − 9896 = 2104   It flies 2104 miles further.
9. £4756 + £3691 + £2815 = £11,271   £11,271 + £2249 = £13,520
   He earns £13,520.

page 41
Counting in steps of different sizes

Properties of number N13

1. 200 250 300 350
2. 100 125 150 175
3. 750 700 650 600
4. 825 850 875 900
5. 525 500 475 450
6. 120 150 180 210
7. 36 45 54 63
8. 146 153 160 167
9. 560 620 680 740
10. 67 59 51 43
11. 250 210 170 130

◉
1. ⁻100 ⁻50
2. ⁻50 ⁻25
3. 1050 1000
4. 675 700
5. 675 650
6. ⁻60 ⁻30
7. ⁻18 ⁻9
8. 104 111
9. 200 260
10. 115 107
11. 490 450

multiples of 25: 1250, 3775, 2625, 1050
multiples of 50: 1250, 1050
multiples of 5: 1250, 3775, 4010, 2625, 3665, 1050, 8235
multiples of 10: 1250, 4010, 1050

Number Textbook 1
page 42
Properties of number N13
Sequences
1. 44 2. 72 3. 24 4. 72 5. 140 6. 150 7. 57 8. 102

9. 60   75   90   105   10. 105 90 75 60
11. 240 300 360 420   12. 120 80 40 0
13. 48   60   72   84   14. 132 144 156 168
15. 1035 1080 1125 1170

---

page 43
Properties of number N13
Sequences
1. 8, 33, 58, 83, 108, 133, 158, 183, 208
2. 13, 38, 63, 88, 113, 138, 163, 188, 213
3. 22, 47, 72, 97, 122, 147, 172, 197, 222
4. 16, 66, 116, 166, 216, 266, 316, 366, 416
5. 12, 62, 112, 162, 212, 262, 312, 362, 412
6. 44, 94, 144, 194, 244, 294, 344, 394, 444
7. 0, 21, 42, 63, 84, 105, 126, 147, 168
8. 32, 53, 74, 95, 116, 137, 158, 179, 200
9. 47, 68, 89, 110, 131, 152, 173, 194, 215
10. 0, 18, 36, 54, 72, 90, 108, 126, 144
11. 35, 53, 71, 89, 107, 125, 143, 161, 179
12. 26, 44, 62, 80, 98, 116, 134, 152, 170

@ Finbar Flea   1000 975 950 925 900
  Fiona Flea   1000 950 900 850 800
  Fitzroy Flea 1000 979 958 937 916
  Faith Flea   1000 982 964 946 928

Explore
| 15 | 30 | 45 | 60 | 75 | 90 | 105 | 120 | 135 | 150 |
| 5 | 0 | 5 | 0 | 5 | 0 | 5 | 0 | 5 | 0 |

The units digits are alternately 5 and 0.

| 19 | 38 | 57 | 76 | 95 | 114 | 133 | 152 | 171 | 190 |
| 9 | 8 | 7 | 6 | 5 | 4 | 3 | 2 | 1 | 0 |

The units digits follow the pattern: 9, 8, 7, 6, 5, 4, 3, 2, 1, 0, 9, 8, ...

| 17 | 34 | 51 | 68 | 85 | 102 | 119 | 136 | 153 | 170 |
| 7 | 4 | 1 | 8 | 5 | 2 | 9 | 6 | 3 | 0 |

The units digits follow the pattern: 7, 4, 1, 8, 5, 2, 9, 6, 3, 0, 7, 4, 1, ...

Number Textbook 1
page 44
Properties of number — N14
Common multiples

1. multiples of 2:   2, 4, 6, 8, 10, 12, 14, 16, 18, 20
   multiples of 5:   5, 10, 15, 20, 25, 30, 35, 40, 45, 50
   common multiples of 2 and 5:   10, 20

2. multiples of 3:   3, 6, 9, 12, 15, 18, 21, 24, 27, 30
   multiples of 4:   4, 8, 12, 16, 20, 24, 28, 32, 36, 40
   common multiples of 3 and 4:   12, 24

3. multiples of 2:   2, 4, 6, 8, 10, 12, 14, 16, 18, 20
   multiples of 3:   3, 6, 9, 12, 15, 18, 21, 24, 27, 30
   common multiples of 2 and 3:   6, 12, 18

4. multiples of 4:   4, 8, 12, 16, 20, 24, 28, 32, 36, 40
   multiples of 5:   5, 10, 15, 20, 25, 30, 35, 40, 45, 50
   common multiples of 4 and 5:   20, 40

5. multiples of 5:   5, 10, 15, 20, 25, 30, 35, 40, 45, 50
   multiples of 3:   3, 6, 9, 12, 15, 18, 21, 24, 27, 30
   common multiples of 5 and 3:   15, 30

6. multiples of 10:   10, 20, 30, 40, 50, 60, 70, 80, 90, 100
   multiples of 15:   15, 30, 45, 60, 75, 90, 105, 120, 135, 150
   common multiples of 10 and 15:   30, 60, 90

7. multiples of 20:   20, 40, 60, 80, 100, 120, 140, 160, 180, 200
   multiples of 30:   30, 60, 90, 120, 150, 180, 210, 240, 270, 300
   common multiples of 20 and 30:   60, 120, 180

8. multiples of 20:   20, 40, 60, 80, 100, 120, 140, 160, 180, 200
   multiples of 25:   25, 50, 75, 100, 125, 150, 175, 200, 225, 250
   common multiples of 20 and 25:   100, 200

9–18. Answers will vary.

Number Textbook 1
page 45
Common multiples

Properties of number — N14

- multiples of 2
- multiples of 3
- common multiples of 2 and 3

The pattern formed by the common multiples of 2 and 3 is diagonal lines on the grid from 6 to 36 and 42 to 48.

- multiples of 4
- multiples of 5
- common multiples of 4 and 5

The pattern formed by the common multiples of 4 and 5 is alternate squares in the right-hand column of the grid.

Explore

- multiples of 2
- multiples of 5
- common multiples of 2 and 5

The pattern formed by the common multiples of 2 and 5 is a diagonal line from 10 down to 80.

Number Textbook 1

page 46
Common multiples Properties of number N14

1. 18 24 30 36 42 60
2. 20 60
3. 35 70
4. 18 24 30 36 42 60
5. 24 36 60
6. 18 36
7. 42
8. 56
9. 30 60

@ 60 10. 18 11. 14 12. 90 13. 12 14. 120 15. 90

page 47
Multiplying by 10 and 100 Place-value N15

1. 637 × 10 = 6370
2. 491 × 10 = 4910
3. 276 × 10 = 2760
4. 535 × 10 = 5350
5. 860 × 10 = 8600
6. 110 × 10 = 1100
7. 308 × 10 = 3080
8. 940 × 10 = 9400
9. 719 × 10 = 7190
10. 2670 × 10 = 26,700
11. 5300 × 10 = 53,000
12. 4106 × 10 = 41,060
13. 2700 × 10 = 27,000

1a. 637 × 100 = 63,700
2a. 491 × 100 = 49,100
3a. 276 × 100 = 27,600
4a. 535 × 100 = 53,500
5a. 860 × 100 = 86,000
6a. 110 × 100 = 11,000
7a. 308 × 100 = 30,800
8a. 940 × 100 = 94,000
9a. 719 × 100 = 71,900
10a. 2670 × 100 = 267,000
11a. 5300 × 100 = 530,000
12a. 4106 × 100 = 410,600
13a. 2700 × 100 = 270,000

14. 43 × 100 = 4300
15. 10 × 19 = 190
16. 72 × 100 = 7200
17. 38 × 10 = 380
18. 52 × 100 = 5200
19. 64 × 100 = 6400
20. 84 × 10 × 10 = 8400
21. 10 × 61 × 10 = 6100

page 48
Dividing by 10 and 100 Place-value N15

1. £230 ÷ £10 = 23
2. £460 ÷ £10 = 46
3. £540 ÷ £10 = 54
4. £1220 ÷ £10 = 122
5. £640 ÷ £10 = 64
6. £7120 ÷ £10 = 712
7. £890 ÷ £10 = 89
8. £2060 ÷ £10 = 206
9. £3120 ÷ £10 = 312
10. £5950 ÷ £10 = 595
11. £780 ÷ £10 = 78
12. £930 ÷ £10 = 93
13. £2730 ÷ £10 = 273

Number Textbook 1
page 48 cont ...

Place-value

1. 230 × 10 = 2300
2. 460 × 10 = 4600
3. 540 × 10 = 5400
4. 1220 × 10 = 12,200
5. 640 × 10 = 6400
6. 7120 × 10 = 71,200
7. 890 × 10 = 8900
8. 2060 × 10 = 20,600
9. 3120 × 10 = 31,200
10. 5950 × 10 = 59,500
11. 780 × 10 = 7800
12. 930 × 10 = 9300
13. 2730 × 10 = 27,300

14. 23,400 ÷ 10 = 2340
    2340 ÷ 10 = 234
    Two times
15. 891,000 ÷ 10 = 89,100
    89,100 ÷ 10 = 8910
    8910 ÷ 10 = 891
    Three times
16. 72,400 ÷ 10 = 7240
    7240 ÷ 10 = 724
    Two times

17. 31,000 ÷ 10 = 3100
    3100 ÷ 10 = 310
    310 ÷ 10 = 31
    Three times
18. 2700 ÷ 10 = 270
    270 ÷ 10 = 27
    Two times
19. 636,000 ÷ 10 = 63,600
    63,600 ÷ 10 = 6360
    Two times

20. 12,400 ÷ 10 = 1240
    Once
21. 56,200 ÷ 10 = 5620
    5620 ÷ 10 = 562
    Two times
22. 965,000 ÷ 10 = 96,500
    Once

page 49

Place-value

Multiplying and dividing decimals by 10 and 100

1. 0·5 cm × 10 = 5 cm
2. 0·3 cm × 10 = 3 cm
3. 1·8 cm × 10 = 18 cm
4. 0·7 cm × 10 = 7 cm
5. 0·2 cm × 10 = 2 cm
6. 2·9 cm × 10 = 29 cm
7. 6·1 cm × 10 = 61 cm
8. 5·6 cm × 10 = 56 cm
9. 7·4 cm × 10 = 74 cm

1. 0·5 cm × 100 = 50 cm
2. 0·3 cm × 100 = 30 cm
3. 1·8 cm × 100 = 180 cm
4. 0·7 cm × 100 = 70 cm
5. 0·2 cm × 100 = 20 cm
6. 2·9 cm × 100 = 290 cm
7. 6·1 cm × 100 = 610 cm
8. 5·6 cm × 100 = 560 cm
9. 7·4 cm × 100 = 740 cm

10. 27 ÷ 10 = 2·7
11. 51 ÷ 10 = 5·1
12. 620 ÷ 100 = 6·2
13. 840 ÷ 100 = 8·4
14. 96 ÷ 10 = 9·6
15. 710 ÷ 100 = 7·1
16. 590 ÷ 100 = 5·9
17. 370 ÷ 100 = 3·7
18. 68 ÷ 10 = 6·8
19. 430 ÷ 100 = 4·3

Number Textbook 1

page 50
Multiplying by doubling Multiplication/division N16

1. $8 \times 18 = 144$
2. $6 \times 14 = 84$
3. $5 \times 16 = 80$
4. $9 \times 14 = 126$
5. $3 \times 18 = 54$
6. $7 \times 16 = 112$
7. $4 \times 16 = 64$
8. $9 \times 18 = 162$
9. $8 \times 14 = 112$
10. $5 \times 18 = 90$
11. $3 \times 16 = 48$

@.
$1 \times 14 = 14$ $1 \times 16 = 16$ $1 \times 18 = 18$
$2 \times 14 = 28$ $2 \times 16 = 32$ $2 \times 18 = 36$
$3 \times 14 = 42$ $3 \times 16 = 48$ $3 \times 18 = 54$
$4 \times 14 = 56$ $4 \times 16 = 64$ $4 \times 18 = 72$
$5 \times 14 = 70$ $5 \times 16 = 80$ $5 \times 18 = 90$
$6 \times 14 = 84$ $6 \times 16 = 96$ $6 \times 18 = 108$
$7 \times 14 = 98$ $7 \times 16 = 112$ $7 \times 18 = 126$
$8 \times 14 = 112$ $8 \times 16 = 128$ $8 \times 18 = 144$
$9 \times 14 = 126$ $9 \times 16 = 144$ $9 \times 18 = 162$
$10 \times 14 = 140$ $10 \times 16 = 160$ $10 \times 18 = 180$

12. $3 \times 7 = 21$
    $3 \times 14 = 42$
    $3 \times 28 = 84$
13. $6 \times 7 = 42$
    $6 \times 14 = 84$
    $6 \times 28 = 168$
14. $4 \times 8 = 32$
    $4 \times 16 = 64$
    $4 \times 32 = 128$
15. $2 \times 9 = 18$
    $2 \times 18 = 36$
    $2 \times 36 = 72$
16. $7 \times 8 = 56$
    $7 \times 16 = 112$
    $7 \times 32 = 224$
17. $8 \times 7 = 56$
    $8 \times 14 = 112$
    $8 \times 28 = 224$
18. $7 \times 9 = 63$
    $7 \times 18 = 126$
    $7 \times 36 = 252$
19. $5 \times 7 = 35$
    $5 \times 14 = 70$
    $5 \times 28 = 140$
20. $3 \times 9 = 27$
    $3 \times 18 = 54$
    $3 \times 36 = 108$
21. $6 \times 8 = 48$
    $6 \times 16 = 96$
    $6 \times 32 = 192$
22. $9 \times 8 = 72$
    $9 \times 16 = 144$
    $9 \times 32 = 288$
23. $7 \times 7 = 49$
    $7 \times 14 = 98$
    $7 \times 28 = 196$
24. $9 \times 9 = 81$
    $9 \times 18 = 162$
    $9 \times 36 = 324$

page 51
Multiplying by doubling and halving Multiplication/division N16

1. $16 \times 45 = 8 \times 90 = 720$
2. $12 \times 35 = 6 \times 70 = 420$
3. $8 \times 45 = 4 \times 90 = 360$
4. $18 \times 25 = 9 \times 50 = 450$
5. $14 \times 15 = 7 \times 30 = 210$
6. $6 \times 55 = 3 \times 110 = 330$

7. $18 \times 15p = 9 \times 30p = 270p = £2·70$
8. $16 \times 35p = 8 \times 70p = 560p = £5·60$
9. $14 \times 55p = 7 \times 110p = 770p = £7·70$
10. $18 \times 25p = 9 \times 50p = 450p = £4·50$

Number Textbook 1
page 51 cont ...   Multiplication/division   N16
11. 12 × 45p = 6 × 90p = 540p = £5·40
12. 16 × 15p = 8 × 30p = 240p = £2·40
13. 14 × 45p = 7 × 90p = 630p = £6·30
14. 8 × 25p = 4 × 50p = 200p = £2·00
15. 12 × 35p = 6 × 70p = 420p = £4·20

page 52   Multiplication/division   N16
Multiplying by doubling and halving
1. 8 × £3·50 = 4 × £7 = £28   2. 12 × £4·50 = 6 × £9 = £54
3. 14 × £1·50 = 7 × £3 = £21
4. 16 × £3·25 = 8 × £6·50 = 4 × £13 = £52
5. 16 × £1·25 = 8 × £2·50 = 4 × £5 = £20
6. 8 × £4·25 = 4 × £8·50 = 2 × £17 = £34
7. 12 × £1·10 = 6 × £2·20 = £13·20
8. 16 × £3·20 = 8 × £6·40 = 4 × £12·80 = 2 × £25·60 = £51·20
9. 8 × £4·15 = 4 × £8·30 = 2 × £16·60 = £33·20

◉ 1. £112   2. £144   3. £48   4. £104   5. £40   6. £136   7. £35·20
    8. £102·40   9. £132·80

Explore
8 × 22 = 4 × 44 = 2 × 88 = 176
16 × 21 = 8 × 42 = 4 × 84 = 2 × 168 = 336
32 × 15 = 16 × 30 = 8 × 60 = 4 × 120 = 2 × 240 = 480

page 53   Multiplication/division   N16
Multiplying
1. 8 × 23·5 l = 4 × 47 l = 2 × 94 l = 188 l
2. 8 × 43·5 l = 4 × 87 l = 2 × 174 l = 348 l
3. 8 × 34·25 l = 4 × 68·5 l = 2 × 137 l = 274 l
4. 8 × 16·5 l = 4 × 33 l = 2 × 66 l = 132 l
5. 8 × 21·25 l = 4 × 42·5 l = 2 × 85 l = 170 l
6. 8 × 56·5 l = 4 × 113 l = 2 × 226 l = 452 l
7. 8 × 9·25 l = 4 × 18·5 l = 2 × 37 l = 74 l
8. 8 × 35·5 l = 4 × 71 l = 2 × 142 l = 284 l
9. 8 × 29·25 l = 4 × 58·5 l = 2 × 117 l = 234 l

Number Textbook 1
page 53 cont ...
Multiplication/division N16

10. $4 \times 3{\cdot}5$ minutes = 14 minutes $60 - 14 = 46$ minutes
    Programme is 46 minutes long.
11. $6 \times £1{\cdot}25 = £7{\cdot}50$ $£10 - £7{\cdot}50 = £2{\cdot}50$ He gets £2·50 change.
12. $8 \times 4{\cdot}5$ minutes = 36 minutes $12 \times 3{\cdot}5$ minutes = 42 minutes
    $90 - (36 + 42) = 12$ minutes There are 12 minutes left on the tape.

page 54
Multiplication/division N17
Multiplying by 5 and 50

1. $18 \times 10 = 180$, $18 \times 5 = 90$
2. $54 \times 10 = 540$, $54 \times 5 = 270$
3. $26 \times 10 = 260$, $26 \times 5 = 130$
4. $19 \times 10 = 190$, $19 \times 5 = 95$
5. $43 \times 10 = 430$, $43 \times 5 = 215$
6. $61 \times 10 = 610$, $61 \times 5 = 305$
7. $35 \times 10 = 350$, $35 \times 5 = 175$
8. $27 \times 10 = 270$, $27 \times 5 = 135$
9. $57 \times 10 = 570$, $57 \times 5 = 285$

⊚ 1. $90 \div 4 = 22{\cdot}5$, 23 boxes needed
2. $270 \div 4 = 67{\cdot}5$, 68 boxes needed
3. $130 \div 4 = 32{\cdot}5$, 33 boxes needed
4. $95 \div 4 = 23{\cdot}75$, 24 boxes needed
5. $215 \div 4 = 53{\cdot}75$, 54 boxes needed
6. $305 \div 4 = 76{\cdot}25$, 77 boxes needed
7. $175 \div 4 = 43{\cdot}75$, 44 boxes needed
8. $135 \div 4 = 33{\cdot}75$, 34 boxes needed
9. $285 \div 4 = 71{\cdot}25$, 72 boxes needed

10. $42 \times 100 = 4200$, $42 \times 50 = 2100$
11. $66 \times 100 = 6600$, $66 \times 50 = 3300$
12. $100 \times 84 = 8400$, $50 \times 84 = 4200$
13. $100 \times 48 = 4800$, $50 \times 48 = 2400$
14. $45 \times 100 = 4500$, $45 \times 50 = 2250$
15. $100 \times 27 = 2700$, $50 \times 27 = 1350$
16. $19 \times 100 = 1900$, $19 \times 50 = 950$
17. $146 \times 100 = 14{,}600$, $146 \times 50 = 7300$
18. $100 \times 216 = 21{,}600$, $50 \times 216 = 10{,}800$
19. $100 \times 170 = 17{,}000$, $50 \times 170 = 8500$

page 55
Multiplication/division N17
Multiplying by 5 and 50

1. $24 \times 100 = 2400$, $24 \times 50 = 1200$
2. $64 \times 100 = 6400$, $64 \times 50 = 3200$
3. $32 \times 100 = 3200$, $32 \times 50 = 1600$
4. $54 \times 100 = 5400$, $54 \times 50 = 2700$
5. $16 \times 100 = 1600$, $16 \times 50 = 800$
6. $28 \times 100 = 2800$, $28 \times 50 = 1400$
7. $43 \times 100 = 4300$, $43 \times 50 = 2150$
8. $61 \times 100 = 6100$, $61 \times 50 = 3050$
9. $74 \times 100 = 7400$, $74 \times 50 = 3700$
10. $37 \times 100 = 3700$, $37 \times 50 = 1850$
11. $19 \times 100 = 1900$, $19 \times 50 = 950$
12. $65 \times 100 = 6500$, $65 \times 50 = 3250$

Number Textbook 1
page 55 cont ...
Multiplication/division N17

Explore
5 × 20 = 100, bags of 5p coins are worth £1.
50 × 20 = 1000, bags of 50p coins are worth £10.
Various combinations, from 8 bags of 50p coins (8 × £10 = £80) plus 4 bags of 5p coins (4 × £1 = £4), to 84 bags of 5p coins (84 × £1).

page 56
Multiplication/division N17

Multiplying by 5, 25 and 50

1. 44 × 100 = 4400
   44 × 50 = 2200
   44 × 25 = 1100
2. 84 × 100 = 8400
   84 × 50 = 4200
   84 × 25 = 2100
3. 24 × 100 = 2400
   24 × 50 = 1200
   24 × 25 = 600
4. 68 × 100 = 6800
   68 × 50 = 3400
   68 × 25 = 1700
5. 54 × 100 = 5400
   54 × 50 = 2700
   54 × 25 = 1350
6. 32 × 100 = 3200
   32 × 50 = 1600
   32 × 25 = 800
7. 16 × 100 = 1600
   16 × 50 = 800
   16 × 25 = 400
8. 28 × 100 = 2800
   28 × 50 = 1400
   28 × 25 = 700
9. 48 × 100 = 4800
   48 × 50 = 2400
   48 × 25 = 1200

● 1. 550 2. 1050 3. 300 4. 850 5. 675 6. 400 7. 200
  8. 350 9. 600

10. Mike: 5p × 52 = 260p = £2·60   Kirsten: 50p × 52 = 2600p = £26·00
11. 5p × 32 = 160p = £1·60   £2 − £1·60 = £0·40   There will be 40p change.
12. 27p × 25 = 675p = £6·75   It will cost £6·75.
13. 1200 ÷ 50 = 24   The mystery number is 24.

page 57
Multiplication/division N18

Multiplying

1. 7 × 20p = 140p = £1·40
2. 3 × 30p = 90p
3. 5 × 60p = 300p = £3
4. 6 × 40p = 240p = £2·40
5. 4 × 50p = 200p = £2
6. 8 × 40p = 320p = £3·20
7. 7 × 30p = 210p = £2·10
8. 9 × 70p = 630p = £6·30
9. 6 × 20p = 120p = £1·20
10. 9 × 60p = 540p = £5·40

● 500 ÷ 20 = 25   25 fish costing 20p can be bought.
  500 ÷ 30 = 16 r 20   16 fish costing 30p can be bought.
  500 ÷ 40 = 12 r 20   12 fish costing 40p can be bought.
  500 ÷ 50 = 10   10 fish costing 50p can be bought.
  500 ÷ 60 = 8 r 20   8 fish costing 60p can be bought.
  500 ÷ 70 = 7 r 10   7 fish costing 70p can be bought.

Number Textbook 1
page 57 cont ...
Multiplication/division N18

11. 3 × 200 = 600
12. 3 × 300 = 900
13. 4 × 600 = 2400
14. 5 × 400 = 2000
15. 2 × 700 = 1400
16. 5 × 300 = 1500
17. 600 × 3 = 1800
18. 7 × 600 = 4200
19. 500 × 8 = 4000
20. 3 × 900 = 2700

---

page 58
Multiplying
Multiplication/division N18

1. 2 × £600 = £1200
2. 4 × £300 = £1200
3. 5 × £500 = £2500
4. 3 × £700 = £2100

5. 2 × £400 = £800
6. 1 × £600 = £600
7. 3 × £200 = £600

2 × £200 = £400
2 × £300 = £600
3 × £100 = £300

Total £1200
Total £1200
Total £900

France £4400
Italy £3500

Spain £4100
Mexico £3200

Florida £3800
Dubai £2900

---

page 59
Multiplying
Multiplication/division N18

1. 20 × 600 = 12,000
2. 30 × 500 = 15,000
3. 40 × 300 = 12,000
4. 50 × 200 = 10,000
5. 30 × 400 = 12,000
6. 50 × 300 = 15,000

7. 30 × 400 = 12,000
8. 60 × 300 = 18,000
9. 20 × 800 = 16,000
10. 40 × 400 = 16,000
11. 500 × 30 = 15,000
12. 70 × 200 = 14,000
13. 400 × 30 = 12,000

Explore
Using facts about odd and even numbers:
odd × even = even
odd × odd = odd
even + even = even
even + odd = odd

even × odd = even
even × even = even
odd + odd = even
odd + even = odd

The total can only be odd if one of the products is an odd number. The only product that can have an odd answer is 1 × 7, which arises if the 1p is held in the right hand.

Number Textbook 1
page 60
Multiplication/division N19
Multiplying

1. 3 × 54 = (3 × 50) + (3 × 4) = 150 + 12 = 162
2. 4 × 38 = (4 × 30) + (4 × 8) = 120 + 32 = 152
3. 3 × 24 = (3 × 20) + (3 × 4) = 60 + 12 = 72
4. 6 × 46 = (6 × 40) + (6 × 6) = 240 + 36 = 276
5. 4 × 54 = (4 × 50) + (4 × 4) = 200 + 16 = 216
6. 3 × 62 = (3 × 60) + (3 × 2) = 180 + 6 = 186
7. 5 × 38 = (5 × 30) + (5 × 8) = 150 + 40 = 190
8. 6 × 62 = (6 × 60) + (6 × 2) = 360 + 12 = 372
9. 2 × 24 = (2 × 20) + (2 × 4) = 40 + 8 = 48
10. 4 × 46 = (4 × 40) + (4 × 6) = 160 + 24 = 184

ⓔ bus   54 × 8 = 432 seats
    train carriage 62 × 8 = 496 seats
    ship   46 × 8 = 368 seats
    plane   24 × 8 = 192 seats
    coach   38 × 8 = 304 seats

11. 3 × 27 = (3 × 20) + (3 × 7) = 60 + 21 = 81
12. 4 × 35 = (4 × 30) + (4 × 5) = 120 + 20 = 140
13. 6 × 27 = (6 × 20) + (6 × 7) = 120 + 42 = 162
14. 8 × 35 = (8 × 30) + (8 × 5) = 240 + 40 = 280
15. 5 × 74 = (5 × 70) + (5 × 4) = 350 + 20 = 370
16. 9 × 31 = (9 × 30) + (9 × 1) = 270 + 9 = 279
17. 7 × 28 = (7 × 20) + (7 × 8) = 140 + 56 = 196
18. 36 × 4 = (30 × 4) + (6 × 4) = 120 + 24 = 144
19. 27 × 5 = (20 × 5) + (7 × 5) = 100 + 35 = 135
20. 32 × 3 = (30 × 3) + (2 × 3) = 90 + 6 = 96

page 61
Multiplication/division N19
Multiplying

1. 6 × 34 = 204   2. 3 × 28 = 84   3. 5 × 55 = 275   4. 6 × 46 = 276
5. 7 × 37 = 259   6. 6 × 48 = 288   7. 6 × 72 = 432   8. 7 × 33 = 231
9. 8 × 42 = 336   10. 3 × 37 = 111   11. 8 × 54 = 432   12. 7 × 62 = 434
13. 7 × 35 = 245

ⓔ
1. 9 × 34 = 306   2. 9 × 28 = 252   3. 9 × 55 = 495   4. 9 × 46 = 414
5. 9 × 37 = 333   6. 9 × 48 = 432   7. 9 × 72 = 648   8. 9 × 33 = 297
9. 9 × 42 = 378   10. 9 × 37 = 333   11. 9 × 54 = 486   12. 9 × 62 = 558
13. 9 × 35 = 315

Number Textbook 1
page 61 cont ...
Multiplication/division — N19

Explore
smallest answer 3 × 67 = 201   largest answer 7 × 63 = 441
6 different answers.

---

page 62
Multiplication/division — N19

Multiplying

1. 3 × £3·20 = £9·60
2. 4 × £4·60 = £18·40
3. 2 × £2·70 = £5·40
4. 5 × £5·30 = £26·50
5. 4 × £3·20 = £12·80
6. 3 × £5·30 = £15·90
7. 6 × £4·60 = £27·60

8. 5 × £2·70 = £13·50   2 × £3·20 = £6·40   Total £19·90
9. 6 × £3·20 = £19·20   4 × £5·30 = £21·20   Total £40·40
10. 7 × £5·30 = £37·10   3 × £4·60 = £13·80   Total £50·90

● 11 × (£2·70 + £3·20 + £4·60 + £5·30) = 11 × £15·80 = £173·80

11. 23 × 7 = 161   161 days until Kiyoko's birthday.
12. 5 × 28 = 140   140 ÷ 20 = 7   He has eaten 7 loaves.
13. 7 × 56 = 392   392 passengers can fly on the plane.
14. 22 × 4 = 88   120 − 88 = 32   32 people must wait for the next train.

---

page 63
Multiplication/division — N20

Dividing by 4

1. £52 ÷ 2 = £26
   £26 ÷ 2 = £13
   $\frac{1}{4}$ of £52 = £13
2. £72 ÷ 2 = £36
   £36 ÷ 2 = £18
   $\frac{1}{4}$ of £72 = £18
3. £120 ÷ 2 = £60
   £60 ÷ 2 = £30
   $\frac{1}{4}$ of £120 = £30
4. £66 ÷ 2 = £33
   £33 ÷ 2 = £16·50
   $\frac{1}{4}$ of £66 = £16·50
5. £96 ÷ 2 = £48
   £48 ÷ 2 = £24
   $\frac{1}{4}$ of £96 = £24
6. £60 ÷ 2 = £30
   £30 ÷ 2 = £15
   $\frac{1}{4}$ of £60 = £15
7. £84 ÷ 2 = £42
   £42 ÷ 2 = £21
   $\frac{1}{4}$ of £84 = £21
8. £132 ÷ 2 = £66
   £66 ÷ 2 = £33
   $\frac{1}{4}$ of £132 = £33
9. £156 ÷ 2 = £78
   £78 ÷ 2 = £39
   $\frac{1}{4}$ of £156 = £39

●
1. 4 × £52 = £208
2. 4 × £72 = £288
3. 4 × £120 = £480
4. 4 × £66 = £264
5. 4 × £96 = £384
6. 4 × £60 = £240
7. 4 × £84 = £336
8. 4 × £132 = £528
9. 4 × £156 = £624

Number Textbook 1
page 63 cont ...
Multiplication/division N20

10. 24 m ÷ 2 = 12 m
    12 m ÷ 2 = 6 m
11. 56 m ÷ 2 = 28 m
    28 m ÷ 2 = 14 m
12. 28 m ÷ 2 = 14 m
    14 m ÷ 2 = 7 m
13. 92 m ÷ 2 = 46 m
    46 m ÷ 2 = 23 m
14. 116 m ÷ 2 = 58 m
    58 m ÷ 2 = 29 m
15. 148 m ÷ 2 = 74 m
    74 m ÷ 2 = 37 m
16. 136 m ÷ 2 = 68 m
    68 m ÷ 2 = 34 m

page 64
Dividing by 8
Multiplication/division N20

1. 96 ÷ 2 = 48
   48 ÷ 2 = 24
   24 ÷ 2 = 12 teams
2. 72 ÷ 2 = 36
   36 ÷ 2 = 18
   18 ÷ 2 = 9 teams
3. 128 ÷ 2 = 64
   64 ÷ 2 = 32
   32 ÷ 2 = 16 teams
4. 168 ÷ 2 = 84
   84 ÷ 2 = 42
   42 ÷ 2 = 21 teams
5. 136 ÷ 2 = 68
   68 ÷ 2 = 34
   34 ÷ 2 = 17 teams
6. 104 ÷ 2 = 52
   52 ÷ 2 = 26
   26 ÷ 2 = 13 teams
7. 152 ÷ 2 = 76
   76 ÷ 2 = 38
   38 ÷ 2 = 19 teams
8. 216 ÷ 2 = 108
   108 ÷ 2 = 54
   54 ÷ 2 = 27 teams
9. 272 ÷ 2 = 136
   136 ÷ 2 = 68
   68 ÷ 2 = 34 teams
10. 146 ÷ 2 = 73
11. 104 ÷ 8 = 13
12. 64 ÷ 4 = 16
13. 238 ÷ 2 = 119
14. 128 ÷ 8 = 16
15. 76 ÷ 4 = 19
16. 140 ÷ 8 = 17·5
17. 424 ÷ 4 = 106
18. 486 ÷ 2 = 243

page 65
Dividing by halving first
Multiplication/division N20

1. £132 ÷ 2 = £66
   £66 ÷ 3 = £22
2. £54 ÷ 2 = £27
   £27 ÷ 3 = £9
3. £96 ÷ 2 = £48
   £48 ÷ 3 = £16
4. £84 ÷ 2 = £42
   £42 ÷ 6 = £7
5. £108 ÷ 2 = £54
   £54 ÷ 6 = £9
6. £96 ÷ 2 = £48
   £48 ÷ 6 = £8
7. £440 ÷ 2 = £220
   £220 ÷ 10 = £22
8. £760 ÷ 2 = £380
   £380 ÷ 10 = £38
9. £840 ÷ 2 = £420
   £420 ÷ 10 = £42
10. £1280 ÷ 2 = £640
    £640 ÷ 2 = £320
    £320 ÷ 10 = £32
11. £4640 ÷ 2 = £2320
    £2320 ÷ 2 = £1160
    £1160 ÷ 10 = £116

Number Textbook 1

page 65 cont...
Multiplication/division **N20**

1. £11   2. £4·50   3. £8   4. £3·50   5. £4·50   6. £4   7. £11
8. £19   9. £21   10. £16   11. £58

Explore
divisible by 16: 192, 368, 672
divisible by 32: 192, 672

---

page 66
Hundredths
Fractions/decimals **N21**

1. a = 2·24 m   b = 2·29 m   c = 2·33 m   d = 2·37 m
2. a = 3·65 m   b = 3·71 m   c = 3·74 m   d = 3·79 m
3. a = 4·12 m   b = 4·17 m   c = 4·20 m   d = 4·27 m

1a. 224 cm   1b. 229 cm   1c. 233 cm   1d. 237 cm
2a. 365 cm   2b. 371 cm   2c. 374 cm   2d. 379 cm
3a. 412 cm   3b. 417 cm   3c. 420 cm   3d. 427 cm

4. 2·63 → C   5. 2·77 → F   6. 2·61 → H   7. 2·54 → A   8. 2·55 → G
9. 2·68 → D   10. 2·66 → I   11. 2·59 → B   12. 2·73 → J   13. 2·75 → E

---

page 67
Ordering decimals
Fractions/decimals **N21**

1. 1·34 < 1·43   2. 1·4 > 1·39   3. 1·49 > 1·39   4. 1·31 < 1·33
5. 1·5 > 1·49   6. 1·72 < 1·78   7. 3·09 < 3·12   8. 3·48 < 3·84
9. 7·7 < 7·8   10. 10·01 < 10·09   11. 9·19 < 9·2   12. 9·07 < 9·7

1·31   1·33   1·34   1·39   1·4   1·43   1·49   1·5
1·72   1·78   3·09   3·12   3·48   3·84   7·7   7·8
9·07   9·19   9·2   9·7   10·01   10·09

13. 3·33 kg   14. 6·67 kg   15. 8·15 kg   16. 10·02 kg   17. 0·07 kg
18. 0·13 kg   19. 0·98 kg

0·07 kg   0·13 kg   0·98 kg   3·33 kg   6·67 kg   8·15 kg   10·02 kg

Number Textbook 1
page 68
Ordering decimals   Fractions/decimals   **N21**

1. Emile   56·59 s
2. Anu   56·61 s
3. Katy   56·62 s
4. Dev   56·66 s
5. Ashley   56·68 s
6. Zoe   56·69 s
7. Jon   56·7 s
8. Amar   56·71 s
9. Sam   56·79 s
10. Tara   56·8 s

11. C   10·01 s
12. G   10·04 s
13. A   10·1 s
14. E   10·23 s
15. F   10·4 s
16. B   10·58 s
17. H   10·67 s
18. D   10·98 s

Explore
24 different numbers

12 numbers less than 5
0·35	0·37	0·53	0·57
3·05	3·07	3·50	3·57
5·03	5·07	5·30	5·37
7·03	7·05	7·30	7·35

12 numbers more than 5
0·73	0·75
3·70	3·75
5·70	5·73
7·50	7·53

page 69
Decimals and fractions   Fractions/decimals   **N22**

1. 3·69 m + 0·01 m = 3·70 m
2. 2·76 m + 0·01 m = 2·77 m
3. 5·16 m + 0·01 m = 5·17 m
4. 1·17 m + 0·01 m = 1·18 m
5. 1·62 m + 0·01 m = 1·63 m
6. 2·29 m + 0·01 m = 2·30 m
7. 1·21 m + 0·01 m = 1·22 m
8. 0·26 m + 0·01 m = 0·27 m
9. 1·84 m + 0·01 m = 1·85 m

Ⓔ
1. 3·70 m + 0·1 m = 3·80 m
2. 2·77 m + 0·1 m = 2·87 m
3. 5·17 m + 0·1 m = 5·27 m
4. 1·18 m + 0·1 m = 1·28 m
5. 1·63 m + 0·1 m = 1·73 m
6. 2·30 m + 0·1 m = 2·40 m
7. 1·22 m + 0·1 m = 1·32 m
8. 0·27 m + 0·1 m = 0·37 m
9. 1·85 m + 0·1 m = 1·95 m

10. $1\frac{7}{10} = 1·7$
11. $2\frac{3}{10} = 2·3$
12. $2\frac{5}{10} = 2·5$
13. $\frac{6}{10} = 0·6$
14. $1\frac{34}{100} = 1·34$
15. $3\frac{36}{100} = 3·36$
16. $2\frac{71}{100} = 2·71$
17. $14\frac{1}{10} = 14·1$
18. $1\frac{60}{100} = 1·60$
19. $23\frac{2}{10} = 23·2$
20. $\frac{38}{100} = 0·38$
21. $6\frac{8}{10} = 6·8$
22. $1\frac{2}{100} = 1·02$
23. $3\frac{1}{100} = 3·01$
24. $1\frac{5}{10} = 1·5$
25. $2\frac{1}{2} = 2·5$
26. $5\frac{1}{4} = 5·25$

Number Textbook 1
page 70
Decimals and fractions

Fractions/decimals — N22

1. $1.75 + 0.1 = 1.85$ $1.85 - 0.01 = 1.84$ $1.84 + 0.1 = 1.94$
   $1.94 - 0.01 = 1.93$
2. $4.81 + 0.1 = 4.91$ $4.91 - 0.01 = 4.90$ $4.90 + 0.1 = 5.00$
   $5.00 - 0.01 = 4.99$
3. $9.98 + 0.1 = 10.08$ $10.08 - 0.01 = 10.07$ $10.07 + 0.1 = 10.17$
   $10.17 - 0.01 = 10.16$
4. $7.02 + 0.1 = 7.12$ $7.12 - 0.01 = 7.11$ $7.11 + 0.1 = 7.21$
   $7.21 - 0.01 = 7.20$
5. $6.80 + 0.1 = 6.90$ $6.90 - 0.01 = 6.89$ $6.89 + 0.1 = 6.99$
   $6.90 - 0.01 = 6.98$
6. $5.10 + 0.1 = 5.20$ $5.20 - 0.01 = 5.19$ $5.19 + 0.1 = 5.29$
   $5.29 - 0.01 = 5.28$
7. $3.00 + 0.1 = 3.10$ $3.10 - 0.01 = 3.09$ $3.09 + 0.1 = 3.19$
   $3.19 - 0.01 = 3.18$
8. $2.61 + 0.1 = 2.71$ $2.71 - 0.01 = 2.70$ $2.70 + 0.1 = 2.80$
   $2.80 - 0.01 = 2.79$
9. $8.39 + 0.1 = 8.49$ $8.49 - 0.01 = 8.48$ $8.48 + 0.1 = 8.58$
   $8.58 - 0.01 = 8.57$
10. $6.48 + 0.1 = 6.58$ $6.58 - 0.01 = 6.57$ $6.57 + 0.1 = 6.67$
    $6.67 - 0.01 = 6.66$
11. $7.50 + 0.1 = 7.60$ $7.60 - 0.01 = 7.59$ $7.59 + 0.1 = 7.69$
    $7.69 - 0.01 = 7.68$
12. $1.34 + 0.1 = 1.44$ $1.44 - 0.01 = 1.43$ $1.43 + 0.1 = 1.53$
    $1.53 - 0.01 = 1.52$
13. $10.23 + 0.1 = 10.33$ $10.33 - 0.01 = 10.32$ $10.32 + 0.1 = 10.42$
    $10.42 - 0.01 = 10.41$

e

1. $1.75 - 0.3 + 0.05 = 1.5$
2. $4.81 - 0.3 + 0.05 = 4.56$
3. $9.98 - 0.3 + 0.05 = 9.73$
4. $7.02 - 0.3 + 0.05 = 6.77$
5. $6.80 - 0.3 + 0.05 = 6.55$
6. $5.10 - 0.3 + 0.05 = 4.85$
7. $3.00 - 0.3 + 0.05 = 2.75$
8. $2.61 - 0.3 + 0.05 = 2.36$
9. $8.39 - 0.3 + 0.05 = 8.14$
10. $6.48 - 0.3 + 0.05 = 6.23$
11. $7.50 - 0.3 + 0.05 = 7.25$
12. $1.34 - 0.3 + 0.05 = 1.09$
13. $10.23 - 0.3 + 0.05 = 9.98$

Number Textbook 1
page 70 cont ...
Fractions/decimals N22

14. $2 \cdot 7 = 2\frac{7}{10}$
15. $1 \cdot 9 = 1\frac{9}{10}$
16. $5 \cdot 5 = 5\frac{1}{2}$
17. $1 \cdot 22 = 1\frac{22}{100} = 1\frac{11}{50}$
18. $10 \cdot 1 = 10\frac{1}{10}$
19. $3 \cdot 76 = 3\frac{76}{100} = 3\frac{19}{25}$
20. $0 \cdot 7 = \frac{7}{10}$
21. $9 \cdot 09 = 9\frac{9}{100}$
22. $13 \cdot 3 = 13\frac{3}{10}$
23. $4 \cdot 04 = 4\frac{4}{100} = 4\frac{1}{25}$
24. $15 \cdot 6 = 15\frac{6}{10} = 15\frac{3}{5}$
25. $0 \cdot 81 = \frac{81}{100}$
26. $5 \cdot 7 = 5\frac{7}{10}$
27. $0 \cdot 06 = \frac{6}{100} = \frac{3}{50}$
28. $0 \cdot 5 = \frac{1}{2}$
29. $1 \cdot 25 = 1\frac{1}{4}$

---

page 71
Fractions/decimals N22
Decimals and fractions

1. 1 m 28 cm = 1·28 m
2. 4 m 99 cm = 4·99 m
3. $1\frac{1}{2}$ m = 1·5 m
4. 2 m 9 cm = 2·09 cm
5. $3\frac{7}{10}$ m = 3·7 m
6. $5\frac{6}{100}$ m = 5·06 m
7. $2\frac{1}{4}$ m = 2·25 m
8. 2 m 30 cm = 2·3 m
9. $3\frac{3}{4}$ m = 3·75 m
10. $4\frac{1}{2}$ m = 4·5 m

Ⓑ
1. 1·53 m
2. 5·24 m
3. 1·75 m
4. 2·34 m
5. 3·95 m
6. 5·31 m
7. 2·50 m
8. 2·55 m
9. 4·00 m
10. 4·75 m

11. $0 \cdot 71 = \frac{7}{10} + \frac{1}{100}$
12. $0 \cdot 84 = \frac{8}{10} + \frac{4}{100}$
13. $0 \cdot 67 = \frac{6}{10} + \frac{7}{100}$
14. $0 \cdot 51 = \frac{5}{10} + \frac{1}{100}$
15. $0 \cdot 91 = \frac{9}{10} + \frac{1}{100}$
16. $0 \cdot 69 = \frac{6}{10} + \frac{9}{100}$
17. $0 \cdot 99 = \frac{9}{10} + \frac{9}{100}$
18. $0 \cdot 18 = \frac{1}{10} + \frac{8}{100}$
19. $0 \cdot 03 = \frac{3}{100}$
20. $0 \cdot 52 = \frac{5}{10} + \frac{2}{100}$
21. $0 \cdot 04 = \frac{4}{100}$
22. $0 \cdot 9 = \frac{9}{10}$
23. $0 \cdot 44 = \frac{4}{10} + \frac{4}{100}$
24. $0 \cdot 08 = \frac{8}{100}$
25. $0 \cdot 1 = \frac{1}{10}$
26. $0 \cdot 11 = \frac{1}{10} + \frac{1}{100}$

Number Textbook 1
page 72
Mixed problems
1. 1040 − 100 = 940   940 ÷ 10 = 94   94 + 206 = 300   He has 300 points.
2. 42p + £1·49 + 59p = £2·50   14 × £2·50 = £35
   £50 − (£35 + £7·50) = £7·50   She has £7·50 left.
3. $3 \times 4\frac{1}{2} = 13\frac{1}{2}$, $4 \times 2\frac{1}{4} = 9$, $2 \times 5\frac{1}{2} = 11$ $13\frac{1}{2} + 9 + 11 + 6 = 39\frac{1}{2}$
   Yes, all the songs will fit. There will be $\frac{1}{2}$ minute left on the tape.
4. Double 39 km = 78 km.   25 + 39 + 78 = 142 km   142 × 2 = 284 km
   She travels 284 km in total.

Number Textbook 2

page 3
Addition/subtraction N23

Adding multiples of 10 and 100

1. 342 + 50 = 392 m
2. 474 + 80 = 554 m
3. 512 + 70 = 582 m
4. 628 + 80 = 708 m
5. 394 + 50 = 444 m
6. 728 + 60 = 788 m
7. 881 + 80 = 961 m
8. 353 + 60 = 413 m
9. 466 + 60 = 526 m
10. 575 + 50 = 625 m

◉ 1. 292 m 2. 424 m 3. 462 m 4. 578 m 5. 344 m
   6. 678 m 7. 831 m 8. 303 m 9. 416 m 10. 525 m

11. 342 + 400 = 742
12. 612 + 200 = 812
13. 568 + 500 = 1068
14. 736 + 400 = 1136
15. 827 + 700 = 1527
16. 447 + 600 = 1047
17. 589 + 800 = 1389

page 4
Addition/subtraction N23

Subtracting multiples of 10 and 100

1. 325 − 60 = 265
2. 142 − 50 = 92
3. 241 − 80 = 161
4. 304 − 90 = 214
5. 519 − 40 = 479
6. 457 − 70 = 387
7. 112 − 30 = 82
8. 421 − 60 = 361
9. 638 − 90 = 548
10. 803 − 20 = 783

◉ 1. 305 2. 132 3. 201 4. 254 5. 519
   6. 427 7. 122 8. 401 9. 588 10. 823

11. 465 − 200 = 265
12. 312 − 100 = 212
13. 672 − 300 = 372
14. 702 − 400 = 302
15. 513 − 200 = 313
16. 440 − 150 = 290
17. 724 − 230 = 494
18. 620 − 470 = 150

page 5
Addition/subtraction N23

Adding 2-digit and 3-digit numbers

1. 117 + 24 = 141
2. 247 + 62 = 309
3. 333 + 74 = 407
4. 109 + 68 = 177
5. 224 + 46 = 270
6. 345 + 73 = 418
7. 472 + 46 = 518
8. 529 + 82 = 611
9. 668 + 55 = 723
10. 981 + 37 = 1018

◉ 1. 107 2. 275 3. 373 4. 143 5. 236
   6. 384 7. 484 8. 577 9. 689 10. 984

11. £163
12. 106 m

Number Textbook 2

page 6
Addition/subtraction **N23**

Subtracting 2-digit and 3-digit numbers

1. 582 − 74 = 508
2. 475 − 82 = 393
3. 366 − 71 = 295
4. 251 − 48 = 203
5. 388 − 69 = 319
6. 219 − 44 = 175
7. 504 − 28 = 476
8. 399 − 52 = 347
9. 484 − 85 = 399
10. 527 − 72 = 455

@
1. 554
2. 439
3. 341
4. 249
5. 365
6. 221
7. 522
8. 393
9. 445
10. 501

Explore
Answers will vary.

---

page 7
Addition/subtraction **N24**

Adding near multiples of 100

1. 876 + 400 = 1276
2. 752 + 300 = 1052
3. 592 + 200 = 792
4. 601 + 500 = 1101
5. 483 + 700 = 1183
6. 747 + 600 = 1347
7. 369 + 800 = 1169

@
1. 876
2. 652
3. 392
4. 701
5. 783
6. 947
7. 769

8. 455 + 299 = 754
9. 649 + 399 = 1048
10. 513 + 499 = 1012
11. 308 + 199 = 507
12. 721 + 398 = 1119
13. 198 + 436 = 634
14. 501 + 297 = 798

@
8. 455 − 299 = 156
9. 649 − 399 = 250
10. 513 − 499 = 14
11. 308 − 199 = 109
12. 721 − 398 = 323
13. 436 − 198 = 238
14. 501 − 297 = 204

---

page 8
Addition/subtraction **N24**

Adding and subtracting near multiples of 100

1. 385 − 199 = 186
2. 273 − 98 = 175
3. 196 − 99 = 97
4. 364 − 198 = 166
5. 558 − 203 = 355
6. 234 − 103 = 131
7. 381 − 197 = 184
8. 476 − 299 = 177

@
1. 89
2. 78
3. 0
4. 69
5. 258
6. 34
7. 87
8. 80

9. 249 km + 349 km + 201 km = 799 km
10. 512 − 401 = 111 blocks left

Number Textbook 2

page 9
Adding and subtracting near multiples of 100

Addition/subtraction **N24**

1. 300 − 198 = 102
2. 420 − 197 = 223
3. 535 − 299 = 236
4. 617 − 198 = 419
5. 724 − 209 = 515
6. 856 − 397 = 459
7. 965 − 108 = 857

Explore
521 − 199 = 322
digital root of 521 = 5 + 2 + 1 = 8
digital root of 199 = 1 + 9 + 9 = 19 → 1 + 9 = 10 → 1 + 0 = 1
digital root of 322 = 3 + 2 + 2 = 7

digital root of 521 − digital root of 199 = 8 − 1 = 7 = digital root of 322

521 + 199 = 720
digital root of 521 = 8
digital root of 199 = 1
digital root of 720 = 7 + 2 + 0 = 9
digital root of 521 + digital root of 199 = 8 + 1 = 9 = digital root of 720

The digital root of the answer to additions (subtractions) is always the same as the sum (difference) of the digital roots of the numbers being added (subtracted).

page 10
Finding differences by counting on

Addition/subtraction **N25**

1. 842 − 700 = 142
2. 964 − 900 = 64
3. 302 − 200 = 102
4. 412 − 400 = 12
5. 551 − 400 = 151
6. 737 − 600 = 137
7. 483 − 300 = 183
8. 887 − 800 = 87
9. 1043 − 900 = 143

10. £405 − £395 = £10
11. £807 − £796 = £11
12. £612 − £596 = £16
13. £210 − £189 = £21
14. £302 − £287 = £15
15. £513 − £491 = £22
16. £905 − £889 = £16
17. £1009 − £990 = £19
18. £204 − £198 = £6
19. £711 − £689 = £22

Number Textbook 2
page 10 cont...
Addition/subtraction N25

◉ 10. £1020 − £405 = £615   £1020 − £395 = £625
11. £1020 − £807 = £213   £1020 − £796 = £224
12. £1020 − £612 = £408   £1020 − £596 = £424
13. £1020 − £210 = £810   £1020 − £189 = £831
14. £1020 − £302 = £718   £1020 − £287 = £733
15. £1020 − £513 = £507   £1020 − £491 = £529
16. £1020 − £905 = £115   £1020 − £889 = £131
17. £1020 − £1009 = £11   £1020 − £990 = £30
18. £1020 − £204 = £816   £1020 − £198 = £822
19. £1020 − £711 = £309   £1020 − £689 = £331

page 11
Addition/subtraction N25
Finding differences by counting on

1. 3000l − 1899l = 1101l   2. 2000l − 949l = 1051l
3. 3000l − 1998l = 1002l   4. 4000l − 2998l = 1002l
5. 3000l − 1797l = 1203l   6. 2000l − 1108l = 892l
7. 3000l − 1099l = 1901l

◉ 1. 1300l   2. 350l   3. 1399l   4. 2399l   5. 1198l
6. 509l   7. 500l

8. 3008 − 1995 = 1013   9. 4006 − 2996 = 1010   10. 7013 − 4997 = 2016
11. 9004 − 8987 = 17   12. 1042 − 899 = 143   13. 8031 − 5995 = 2036
14. 5107 − 2992 = 2115   15. 6090 − 3991 = 2099   16. 3123 − 1989 = 1134

page 12
Addition/subtraction N25
Finding differences

1. 2000 − 1299 = 701   2. 3000 − 2851 = 149   3. 4000 − 2499 = 1501
4. 3000 − 1499 = 1501   5. 2000 − 1704 = 296   6. 5000 − 3895 = 1105
7. 4000 − 2687 = 1313   8. 7000 − 4311 = 2689   9. 6000 − 4901 = 1099
10. 10 000 − 6374 = 3626

Explore
Largest answer 10,000 − 3359 = 6641 → 6 + 6 + 4 + 1 → 17 → 1 + 7 → 8
Smallest answer 10,000 − 9533 = 467 → 4 + 6 + 7 → 17 → 1 + 7 → 8
The digital roots are the same. Answers will vary depending on digits used.

Number Textbook 2

page 13
Addition/subtraction — N26
Subtracting 3-digit from 4-digit numbers
1. 3242 − 886 = 2356
2. 4631 − 975 = 3656
3. 4826 − 937 = 3889
4. 5714 − 826 = 4888
5. 2398 − 999 = 1399
6. 6149 − 762 = 5387
7. 7311 − 534 = 6777
8. 9036 − 279 = 8757
9. 4638 − 749 = 3889
10. 5217 − 698 = 4519
11. 3681 − 907 = 2774
12. 2846 − 958 = 1888
13. 7013 − 826 = 6187
14. 6955 − 768 = 6187
15. 5241 − 475 = 4766

page 14
Addition/subtraction — N26
Subtracting 3-digit from 4-digit numbers
1. 5462 − 973 = 4489 m
2. 3241 − 865 = 2376 m
3. 3220 − 894 = 2326 m
4. 2136 − 568 = 1568 m
5. 2410 − 723 = 1687 m
6. 1465 − 879 = 586 m
7. 4033 − 458 = 3575 m

Explore
Answers will vary.

page 15
Addition/subtraction — N26
Subtracting from 4-digit numbers
1. 1271 − 983 = 288
2. 2461 − 1524 = 937
3. 3110 − 1993 = 1117
4. 1046 − 892 = 154
5. 1189 − 943 = 246
6. 2417 − 1973 = 444
7. 1861 − 1503 = 358

@ 1. 983 − 106 = 877
2. 1524 − 106 = 1418
3. 1993 − 106 = 1887
4. 892 − 106 = 786
5. 1189 − 106 = 1083
6. 2417 − 106 = 2311
7. 1503 − 106 = 1397

8. £2467 − £1852 = £615
9. 9672 km − 5095 km = 4577 km

page 16
Addition/subtraction — N27
Choosing strategies for mental subtractions
1. 252
2. 599
3. 1153
4. 711
5. 1566
6. 1324
7. 911
8. 470
9. 201
10. 999
11. 2901
12. 499
13. 5801
14. 6803
15. 3202
16. 4798
17. 611
18. 1332
19. 408
20. 607
21. 1431
22. 712
23. 2007
24. 4923
25. 526
26. 37
27. 805
28. 137
29. 1170
30. 718
31. 7701
32. 2408

Number Textbook 2

page 17
Choosing a strategy

Addition/subtraction — N27

1. 512 − 17 = 495
2. 342 − 99 = 243
3. 635 − 551 = 84
4. 497 − 318 = 179
5. 678 − 125 = 553
6. 506 − 297 = 209
7. 1008 − 893 = 115
8. 713 − 205 = 508
9. 3400 − 802 = 2598
10. 4999 − 1499 = 3500

◉ Answers will vary.

Explore
smallest number: 607 − 98 = 509
largest number: 9876 − 0 = 9876
number nearest to 1000: 987 − 60 = 927

page 18
Choosing a strategy

Addition/subtraction — N27

1. 1066 − 81 = 985 years
2. 1759 − 122 = 1637 years
3. 1603 − 1564 = 39 years
4. 1492 − 432 = 1060 years
5. 1969 − 1687 = 282 years
6. 1815 − 1666 = 149 years
7. 1536 − 1215 = 321 years
8. 2000 − 1966 = 34 years

9. 4012 − 3997 = 15
10. 5674 − 32 = 5642
11. 1645 − 399 = 1246
12. 1246 − 998 = 248
13. 7011 − 804 = 6207
14. 9283 − 6142 = 3141
15. 8760 − 480 = 8280
16. 6000 − 3118 = 2882
17. 4751 − 12 = 4739

◉
9. 15 + 3997 = 4012
10. 32 + 5642 = 5674
11. 399 + 1246 = 1645
12. 998 + 248 = 1246
13. 804 + 6207 = 7011
14. 6142 + 3141 = 9283
15. 480 + 8280 = 8760
16. 3118 + 2882 = 6000
17. 12 + 4739 = 4751

page 19
Subtraction problems

Addition/subtraction — N27

1. 1248 − 795 = 453 adults   453 − 35 = 418 adults are awake
2. £1120 − £675 = £445
3. 556 km − 401 km = 155 km (556 km is halfway)
4. £1000 − £899 = £101
5. £699 − £301 = £398
6. 1120 kg − 750 kg = 370 kg   15 kg × 25 = 375 kg so 25 boxes must be unloaded

Number Textbook 2
page 20
Divisibility tests

Properties of number — N28

1. yes	2. no	3. yes	4. yes	5. yes
6. yes	7. no	8. yes	9. yes	10. no
11. yes	12. yes	13. yes	14. yes	15. no
16. yes	17. yes	18. yes	19. yes	20. no
21. no	22. yes	23. yes	24. yes	

1a. yes	2a. no	3a. no	4a. yes	5a. no
6a. no	7a. no	8a. yes	9a. yes	10a. no
11a. no	12a. yes	13a. yes	14a. yes	15a. no
16a. no	17a. no	18a. yes	19a. yes	20a. no
21a. no	22a. yes	23a. no	24a. yes	

page 21
Divisibility tests

Properties of number — N28

1. 340 divides by 5 and by 10
2. 725 divides by 5
3. 500 divides by 5 and by 10
4. 6005 divides by 5
5. 75 divides by 5
6. 1000 divides by 5 and by 10
7. 6250 divides by 5 and by 10
8. 225 divides by 5
9. 3500 divides by 5 and by 10
10. 7015 divides by 5
11. 1505 divides by 5
12. 2890 divides by 5 and by 10
13. 4300 divides by 5 and by 10

14. no	15. yes	16. no	17. yes	18. yes
19. no	20. no	21. no	22. yes	

page 22
Divisibility tests

Properties of number — N28

1. 680 divides by 2, 4, 5, 10
2. 60 divides by 2, 4, 5, 10
3. 320 divides by 2, 4, 5, 10
4. 555 divides by 5
5. 270 divides by 2, 5, 10
6. 1000 divides by 2, 4, 5, 10
7. 900 divides by 2, 4, 5, 10
8. 305 divides by 5
9. 999 does not divide by 2, 4, 5 or 10
10. 348 divides by 2, 4
11. 770 divides by 2, 5, 10
12. 504 divides by 2, 4
13. 6060 divides by 2, 4, 5, 10
14. 7000 divides by 2, 4, 5, 10
15. 1515 divides by 5

- 680, 320, 1000, 504, 7000 can be packed in tubes of 8

Number Textbook 2
page 22 cont . . .

Properties of number **N28**

	÷ 2	÷ 4	÷ 5	÷ 10	÷ 100
60	✓	✓	✓	✓	✗
720	✓	✓	✓	✓	✗
945	✗	✗	✓	✗	✗
300	✓	✓	✓	✓	✓
7644	✓	✓	✗	✗	✗
1000	✓	✓	✓	✓	✓
258	✓	✗	✗	✗	✗

page 23
Factors

Properties of number **N29**

1. $10 = 1 \times 10, 2 \times 5$
2. $14 = 1 \times 14, 2 \times 7$
3. $16 = 1 \times 16, 2 \times 8, 4 \times 4$
4. $21 = 1 \times 21, 3 \times 7$
5. $35 = 1 \times 35, 5 \times 7$
6. $42 = 1 \times 42, 2 \times 21, 3 \times 14, 6 \times 7$
7. $48 = 1 \times 48, 2 \times 24, 3 \times 16, 4 \times 12, 6 \times 8$
8. $60 = 1 \times 60, 2 \times 30, 3 \times 20, 4 \times 15, 5 \times 12, 6 \times 10$
9. $25 = 1 \times 25, 5 \times 5$
10. $18 = 1 \times 18, 2 \times 9, 3 \times 6$

@
1. 10: 1, 2, 5, 10
2. 14: 1, 2, 7, 14
3. 16: 1, 2, 4, 8, 16
4. 21: 1, 3, 7, 21
5. 35: 1, 5, 7, 35
6. 42: 1, 2, 3, 6, 7, 14, 21, 42
7. 48: 1, 2, 3, 4, 6, 8, 12, 16, 24, 48
8. 60: 1, 2, 3, 4, 5, 6, 10, 12, 15, 20, 30, 60
9. 25: 1, 5, 25
10. 18: 1, 2, 3, 6, 9, 18

11. $1 \times 12, 2 \times 6, 3 \times 4$
11a. factors of 12: 1, 2, 3, 4, 6, 12
12. $1 \times 24, 2 \times 12, 3 \times 8, 4 \times 6$
12a. factors of 24: 1, 2, 3, 4, 6, 8, 12, 24
13. 1 3 32, 2 3 16, 4 3 8
13a. factors of 32: 1, 2, 4, 8, 16
14. $1 \times 36, 2 \times 18, 3 \times 12, 4 \times 9, 6 \times 6$
14a. factors of 36: 1, 2, 3, 4, 6, 9, 12, 18, 36
15. $1 \times 28, 2 \times 14, 4 \times 7$
15a. factors of 28: 1, 2, 4, 7, 14, 28
16. $1 \times 30, 2 \times 15, 3 \times 10, 5 \times 6$
16a. factors of 30: 1, 2, 3, 5, 6, 10, 15, 30
17. $1 \times 40, 2 \times 20, 4 \times 10, 5 \times 8$
17a. factors of 40: 1, 2, 4, 5, 8, 10, 20, 40
18. $1 \times 45, 3 \times 15, 5 \times 9$
18a. factors of 45: 1, 3, 5, 9, 15, 45

Number Textbook 2
page 23 cont . . .
Properties of number N29

19. 1 × 50, 2 × 25, 5 × 10
20. 1 × 23
21. 1 × 49, 7 × 7

19a. factors of 50: 1, 2, 5, 10, 25, 50
20a. factors of 23: 1, 23
21a. factors of 49: 1, 7, 49

page 24
Factors
Properties of number N29

1. 4
2. 8
3. 4
4. 25
5. 7
6. 8
7. 8
8. 11

9. 16
10. 20
11. 6
12. 15
13. 17
14. 7
15. 7
16. 9
17. 3

9a. 1, 2, 3, 4, 6, 8, 12, 24
10a. 1, 2, 3, 4, 6, 9, 12, 18, 36
11a. 1, 2, 4, 5, 8, 10, 20, 40
12a. 1, 2, 5, 10, 25, 50
13a. 1, 2, 4, 7, 14, 28
14a. 1, 2, 4, 8, 16, 32
15a. 1, 2, 3, 6, 9, 18, 27, 54
16a. 1, 2, 4, 7, 8, 14, 28, 56
17a. 1, 2, 4, 5, 10, 20, 25, 50, 100, 125, 250, 500

page 25
Factors
Properties of number N29

1. 4 × 8 = 2 × 16
2. 2 × 10 = 4 × 5
3. 2 × 8 = 4 × 4
4. 3 × 8 = 6 × 4
5. 5 × 6 = 3 × 10
6. 2 × 21 = 6 × 7
7. 3 × 12 = 6 × 6
8. 2 × 25 = 5 × 10
9. 3 × 20 = 6 × 10
10. 8 × 8 = 4 × 16

Number	Pairs of factors	List of factors
1	1 × 1	1
2	1 × 2	1, 2
3	1 × 3	1, 3
4	1 × 4, 2 × 2	1, 2, 4
5	1 × 5	1, 5
6	1 × 6, 2 × 3	1, 2, 3, 6
7	1 × 7	1, 7
8	1 × 8, 2 × 4	1, 2, 4, 8
9	1 × 9, 3 × 3	1, 3, 9
10	1 × 10, 2 × 5	1, 2, 5, 10

Number Textbook 2
page 25 cont . . .

Properties of number N29

Number	Pairs of factors	List of factors
11	1 × 11	1, 11
12	1 × 12, 2 × 6, 3 × 4	1, 2, 3, 4, 6, 12
13	1 × 13	1, 13
14	1 × 14, 2 × 7	1, 2, 7, 14
15	1 × 15, 3 × 5	1, 3, 5, 15,
16	1 × 16, 2 × 8, 4 × 4	1, 2, 4, 8, 16
17	1 × 17	1, 17
18	1 × 18, 2 × 9, 3 × 6	1, 2, 3, 6, 9, 18
19	1 × 19	1, 19
20	1 × 20, 2 × 10, 4 × 5	1, 2, 4, 5, 10, 20
21	1 × 21, 3 × 7	1, 3, 7, 21
22	1 × 22, 2 × 11	1, 2, 11, 22
23	1 × 23	1, 23
24	1 × 24, 2 × 12, 3 × 8, 4 × 6	1, 2, 3, 4, 6, 8, 12, 24
25	1 × 25, 5 × 5	1, 5, 25
26	1 × 26, 2 × 13	1, 2, 13, 26
27	1 × 27, 3 × 9	1, 3, 9, 27
28	1 × 28, 2 × 14, 4 × 7	1, 2, 4, 7, 14, 28
29	1 × 29	1, 29
30	1 × 30, 2 × 15, 3 × 10, 5 × 6	1, 2, 3, 5, 6, 10, 15, 30
31	1 × 31	1, 31
32	1 × 32, 2 × 16, 4 × 8	1, 2, 4, 8, 16, 32
33	1 × 33, 3 × 11	1, 3, 11, 33
34	1 × 34, 2 × 17	1, 2, 17, 34
35	1 × 35, 5 × 7	1, 5, 7, 35
36	1 × 36, 2 × 18, 3 × 12, 4 × 9, 6 × 6	1, 2, 3, 4, 6, 9, 12, 18, 36
37	1 × 37	1, 37
38	1 × 38, 2 × 19	1, 2, 19, 38
39	1 × 39, 3 × 13	1, 3, 13, 39
40	1 × 40, 2 × 20, 4 × 10, 5 × 8	1, 2, 4, 5, 8, 10, 20, 40

Explore
Only square numbers have an odd number of factors.

Number Textbook 2

page 26
Negative numbers Place-value **N30**

1. a 8   b 1   c ⁻2   d ⁻5   e ⁻7   f ⁻11   g ⁻14   h ⁻17
2. i 5   j ⁻1   k ⁻5   l ⁻9   m ⁻12   n ⁻15   o ⁻19   p ⁻23
   q ⁻28
3. ⁻6, ⁻2, ⁻1, 2   4. ⁻14, ⁻11, ⁻10, ⁻4   5. ⁻11, ⁻3, 0, 1, 3   6. ⁻2, ⁻1/2, 1/2, 1
7. ⁻5, ⁻4, ⁻1, 1, 3   8. ⁻12, ⁻10, ⁻2, ⁻1   9. ⁻16, ⁻14, ⁻8, ⁻7, ⁻5, ⁻3

⊚ ⁻16 ⁻14 ⁻12 ⁻11 ⁻10 ⁻8 ⁻7 ⁻6 ⁻5 ⁻4 ⁻3 ⁻2 ⁻1½ 0 ½ 1 2 3

page 27
Negative numbers Place-value **N30**

1. has £25 owes £30 total ⁻£5   2. has £10 owes £25 total ⁻£15
3. has £30 owes £32 total ⁻£2   4. has £100 owes £101 total ⁻£1
5. has £17 owes £21 total ⁻£4   6. has £42 owes £49 total ⁻£7
7. has £26 owes £32 total ⁻£6   8. has £67 owes £70 total ⁻£3
9. has £53 owes £69 total ⁻£16   10. has £74 owes £88 total ⁻£14

⊚ 1. ⁻£10   2. ⁻£20   3. ⁻£7   4. ⁻£6   5. ⁻£9
   6. ⁻£12   7. ⁻£11   8. ⁻£8   9. ⁻£21   10. ⁻£19
11. ⁻4 > ⁻7   12. ⁻1 > ⁻10   13. ⁻0·5 > ⁻0·7   14. ⁻6 < ⁻3   15. ⁻½ > ⁻¾
16. ⁻2 < 1   17. ⁻5 < ⁻0·5   18. ⁻½ > ⁻2   19. ⁻6 < 4

page 28
Negative numbers Place-value **N30**

1. was ⁻5°C falls 5°C now ⁻10°C   2. was ⁻5°C rises 2°C now ⁻3°C
3. was ⁻5°C rises 7°C now 2°C   4. was ⁻5°C falls 3°C now ⁻8°C
5. was ⁻5°C falls 9°C now ⁻14°C   6. was ⁻5°C rises 5°C now 0°C
7. was ⁻5°C falls 1°C now ⁻6°C   8. was ⁻5°C falls 11°C now ⁻16°C
9. was ⁻5°C rises 10°C now 5°C   10. was ⁻5°C falls 8°C now ⁻13°C

⊚ 1. ⁻17°C   2. ⁻10°C   3. ⁻5°C   4. ⁻15°C   5. ⁻21°C
   6. ⁻7°C   7. ⁻13°C   8. ⁻23°C   9. ⁻2°C   10. ⁻20°C
11. £10 − £25 = ⁻£15   he owes £15   12. ⁻6

Number Textbook 2

page 29
Multiplying by 1-digit numbers

Multiplication/division N31

1. 235 × 3 = 705
2. 165 × 3 = 495
3. 238 × 3 = 714
4. 414 × 8 = 3312
5. 523 × 4 = 2092
6. 460 × 5 = 2300
7. 320 × 7 = 2240
8. 195 × 6 = 1170
9. 172 × 4 = 688
10. 286 × 7 = 2002
11. £144 × 3 = £432
12. £236 × 3 = £708
13. £283 × 4 = £1132
14. £358 × 3 = £1074
15. £236 × 7 = £1652
16. £109 × 8 = £872
17. £236 × 5 = £1180
18. £144 × 6 = £864
19. £283 × 3 = £849
20. £358 × 6 = £2148

page 30
Multiplying by 1-digit numbers

Multiplication/division N31

1. 427 × 3 = 1281
2. 128 × 3 = 384
3. 315 × 4 = 1260
4. 254 × 5 = 1270
5. 333 × 4 = 1332
6. 520 × 5 = 2600
7. 406 × 6 = 2436
8. 703 × 6 = 4218
9. 151 × 7 = 1057
10. 268 × 8 = 2144

11. 142 ml × 4 = 568 ml
12. 215 ml × 4 = 860 ml
13. 173 ml × 4 = 692 ml
14. 326 ml × 4 = 1304 ml
15. 412 ml × 4 = 1648 ml
16. 317 ml × 4 = 1268 ml
17. 284 ml × 4 = 1136 ml

11a. 142 ml × 7 = 994 ml
12a. 215 ml × 7 = 1505 ml
13a. 173 ml × 7 = 1211 ml
14a. 326 ml × 7 = 2282 ml
15a. 412 ml × 7 = 2884 ml
16a. 317 ml × 7 = 2219 ml
17a. 284 ml × 7 = 1988 ml

page 31
Multiplying by 2-digit numbers

Multiplication/division N31

1. 26 × 14 = 364
2. 34 × 16 = 544
3. 25 × 13 = 325
4. 28 × 17 = 476
5. 35 × 19 = 665
6. 46 × 15 = 690
7. 18 × 27 = 486
8. 32 × 24 = 768
9. 19 × 26 = 494
10. 63 × 22 = 1386
11. 54 × 31 = 1674

12. 18 × 23 = 414 people
13. 15 × 31 = 465 people
14. 42 × 14 = 588 people
15. 17 × 22 = 374 people
16. 11 × 35 = 385 people
17. 24 × 19 = 456 people
18. 31 × 16 = 496 people
19. 42 × 27 = 1134 people
20. 35 × 15 = 525 people

Number Textbook 2
page 32
Multiplication/division N31
Multiplying by 2-digit numbers

1. $35 \times 23 = 805$ m^2
2. $45 \times 20 = 900$ m^2
3. $26 \times 16 = 416$ m^2
4. $38 \times 23 = 874$ m^2
5. $32 \times 14 = 448$ m^2
6. $37 \times 12 = 444$ m^2

7. 24 hours $\times$ 36 = 864 hours
8. 24 hours $\times$ 21 = 504 hours
9. 24 hours $\times$ 47 = 1128 hours
10. 24 hours $\times$ 18 = 432 hours
11. 24 hours $\times$ 54 = 1296 hours
12. 24 hours $\times$ 39 = 936 hours
13. 24 hours $\times$ 43 = 1032 hours

Explore
largest answer $72 \times 63 = 4536$
smallest answer $26 \times 37 = 962$

page 33
Multiplication/division N32
Multiplying decimals

1. $5 \times 2·4 = 12·0$
2. $3 \times 4·3 = 12·9$
3. $6 \times 3·4 = 20·4$
4. $3 \times 7·2 = 21·6$
5. $4 \times 6·8 = 27·2$
6. $6 \times 1·9 = 11·4$
7. $3 \times 3·4 = 10·2$
8. $4 \times 1·4 = 5·6$
9. $5 \times 3·7 = 18·5$
10. $4 \times 2·6 = 10·4$
11. $6 \times 5·4 = 32·4$
12. $3 \times 4·9 = 14·7$
13. $6 \times 2·8 = 16·8$
14. $4 \times 1·9 = 7·6$
15. $3 \times 3·7 = 11·1$
16. $4 \times 9·1 = 36·4$

17. $3 \times 3·2$ cm = 9·6 cm
18. $4 \times 1·9$ cm = 7·6 cm
19. $6 \times 3·5$ cm = 21·0 cm
20. $5 \times 2·7$ cm = 13·5 cm
21. $3 \times 2·5$ cm = 7·5 cm
22. $2 \times 1·6$ cm = 3·2 cm
23. $3 \times 3·5$ cm = 10·5 cm
24. $2 \times 1·9$ cm = 3·8 cm
25. $3 \times 2·7$ cm = 8·1 cm
26. $4 \times 1·6$ cm = 6·4 cm
27. $5 \times 3·2$ cm = 16·0 cm
28. $6 \times 2·5$ cm = 15·0 cm
29. $5 \times 1·6$ cm = 8·0 cm
30. $6 \times 1·9$ cm = 11·4 cm
31. $4 \times 2·5$ cm = 10·0 cm
32. $9 \times 3·2$ cm = 28·8 cm

@   pink $3 \times 2·7$ cm = 8·1 cm
     blue $3 \times 3·2$ cm = 9·6 cm
     orange $3 \times 2·5$ cm = 7·5 cm
     red $3 \times 1·9$ cm = 5·7 cm
     brown $3 \times 1·6$ cm = 4·8 cm
     yellow $3 \times 3·5$ cm = 10·5 cm

Number Textbook 2
page 34
Multiplying decimals   Multiplication/division **N32**

1. 5 × 3·1 cm = 15·5 cm
2. 4 × 2·7 cm = 10·8 cm
3. 3 × 1·8 cm = 5·4 cm
4. 2 × 1·6 cm = 3·2 cm
5. 6 × 2·4 cm = 14·4 cm
6. 4 × 1·3 cm = 5·2 cm
7. 3 × 2·7 cm = 8·1 cm
8. 5 × 1·8 cm = 9·0 cm
9. 6 × 1·3 cm = 7·8 cm
10. 5 × 1·6 cm = 8·0 cm
11. 8 × 2·4 cm = 19·2 cm
12. 6 × 2·7 cm = 16·2 cm
13. 7 × 1·6 cm = 11·2 cm
14. 6 × 1·8 cm = 10·8 cm
15. 7 × 3·1 cm = 21·7 cm

● 38·7 cm

16. 3 × 2·6 = 7·8
17. 4 × 1·8 = 7·2
18. 2 × 3·8 = 7·6
19. 4 × 5·6 = 22·4
20. 6 × 3·4 = 20·4
21. 7 × 1·9 = 13·3
22. 8 × 2·5 = 20·0
23. 9 × 3·7 = 33·3
24. 4 × 6·3 = 25·2
25. 3 × 11·2 = 33·6
26. 2 × 15·7 = 31·4

page 35
Multiplying decimals   Multiplication/division **N32**

1. 3 × 2·4 = 7·2 m
2. 4 × 3·2 = 12·8 m
3. 5 × 1·7 = 8·5 m
4. 6 × 2·3 = 13·8 m
5. 4 × 5·4 = 21·6 m
6. 8 × 2·7 = 21·6 m
7. 3 × 4·3 = 12·9 m
8. 3 × 6·4 = 19·2 m
9. 6 × 1·6 = 9·6 m
10. 5 × 3·5 = 17·5 m
11. 6 × 2·8 = 16·8 m
12. 6 × 1·4 = 8·4 m

● 9 × 1·9 = 17·1 m

13. 4 × 5·3 = 21·2
14. 5 × 16·2 = 81·0
15. 3 × 12·7 = 38·1
16. 4 × 15·4 = 61·6
17. 7 × 11·8 = 82·6
18. 8 × 12·6 = 100·8
19. 3 × 15·2 = 45·6
20. 5 × 10·7 = 53·5
21. 4 × 21·3 = 85·2
22. 6 × 13·8 = 82·8
23. 7 × 14·3 = 100·1

page 36
Multiplying decimals   Multiplication/division **N32**

1. 9 × 3·2 = 28·8 kg
2. 9 × 1·9 = 17·1 kg
3. 9 × 4·3 = 38·7 kg
4. 9 × 5·1 = 45·9 kg
5. 9 × 2·6 = 23·4 kg
6. 9 × 3·7 = 33·3 kg
7. 9 × 4·6 = 41·4 kg
8. 9 × 5·4 = 48·6 kg

Number Textbook 2
page 36 cont . . .

Multiplication/division **N32**

9.

in	1·2	2·3	3·5	7·5	8·4
× 5	6·0	11·5	17·5	37·5	42·0

10.

in	1·2	2·3	3·5	7·5	8·4
× 7	8·4	16·1	24·5	52·5	58·8

11.

in	1·2	2·3	3·5	7·5	8·4
× 8	9·6	18·4	28·0	60·0	67·2

Explore
closest to 10: 2·5 × 4 = 10   closest to 16: 5·4 × 3 = 16·2
closest to 12: 2·4 × 5 = 12   closest to 18: 3·4 × 5 = 17
closest to 14: 3·5 × 4 = 14   closest to 20: 5·2 × 4 = 20·8

---

page 37
Dividing

Multiplication/division **N33**

1. 85 ÷ 5 = 17
2. 96 ÷ 4 = 24
3. 81 ÷ 3 = 27
4. 95 ÷ 5 = 19
5. 96 ÷ 6 = 16
6. 75 ÷ 5 = 15
7. 91 ÷ 7 = 13
8. 92 ÷ 4 = 23
9. 105 ÷ 7 = 15
10. 105 ÷ 3 = 35
11. 116 ÷ 4 = 29
12. 145 ÷ 5 = 29
13. 176 ÷ 4 = 44
14. 156 ÷ 6 = 26
15. 196 ÷ 7 = 28
16. 176 ÷ 8 = 22
17. 185 ÷ 5 = 37
18. 132 ÷ 6 = 22

@
10. 105 ÷ 9 = 11 teams and 6 left over
11. 116 ÷ 9 = 12 teams and 8 left over
12. 145 ÷ 9 = 16 teams and 1 left over
13. 176 ÷ 9 = 19 teams and 5 left over
14. 156 ÷ 9 = 17 teams and 3 left over
15. 196 ÷ 9 = 21 teams and 7 left over
16. 176 ÷ 9 = 19 teams and 5 left over
17. 185 ÷ 9 = 20 teams and 5 left over
18. 132 ÷ 9 = 14 teams and 6 left over

Number Textbook 2

page 38
Dividing
Multiplication/division **N33**

1. $119 ÷ 9 = 13$ r 2 2 strings left
2. $208 ÷ 9 = 23$ r 1 1 string left
3. $191 ÷ 9 = 21$ r 2 2 strings left
4. $217 ÷ 9 = 24$ r 1 1 string left
5. $171 ÷ 9 = 19$ 0 strings left
6. $220 ÷ 9 = 24$ r 4 4 strings left
7. $379 ÷ 9 = 42$ r 1 1 string left
8. $460 ÷ 9 = 51$ r 1 1 string left
9. $517 ÷ 9 = 57$ r 4 4 strings left

10. $521 ÷ 3 = 173$ r 2
11. $278 ÷ 5 = 55$ r 3
12. $416 ÷ 3 = 138$ r 2
13. $372 ÷ 6 = 62$
14. $619 ÷ 4 = 154$ r 3
15. $832 ÷ 7 = 118$ r 6
16. $927 ÷ 8 = 115$ r 7

page 39
Dividing
Multiplication/division **N33**

1. $104 ÷ 6 = 17$ r 2 2 stickers left
2. $203 ÷ 6 = 33$ r 5 5 stickers left
3. $736 ÷ 6 = 122$ r 4 4 stickers left
4. $819 ÷ 6 = 136$ r 3 3 stickers left
5. $447 ÷ 6 = 74$ r 3 3 stickers left
6. $256 ÷ 6 = 42$ r 4 4 stickers left
7. $316 ÷ 6 = 52$ r 4 4 stickers left
8. $732 ÷ 6 = 122$ 0 stickers left
9. $860 ÷ 6 = 143$ r 2 2 stickers left

10. $328 ÷ 7 = 46$ r 6 46 coats, 1 more button needed
11. $747 ÷ 5 = 149$ r 2 each delivers 149 papers, newsagent delivers 2 papers, newsagent pays 8p × 149 = 1192p = £11·92

page 40
Remainders
Multiplication/division **N34**

1. $64 ÷ 3 = 21$ r 1
2. $59 ÷ 6 = 9$ r 5
3. $71 ÷ 5 = 14$ r 1
4. $82 ÷ 7 = 11$ r 5
5. $74 ÷ 8 = 9$ r 2
6. $87 ÷ 3 = 29$
7. $97 ÷ 6 = 16$ r 1
8. $89 ÷ 5 = 17$ r 4

9. $199 ÷ 4 = 49$ r 3 50 pages
10. $371 ÷ 4 = 92$ r 3 93 pages
11. $159 ÷ 4 = 39$ r 3 40 pages
12. $161 ÷ 4 = 40$ r 1 41 pages
13. $385 ÷ 4 = 96$ r 1 97 pages
14. $173 ÷ 4 = 43$ r 1 44 pages
15. $255 ÷ 4 = 63$ r 3 64 pages
16. $289 ÷ 4 = 72$ r 1 73 pages
17. $377 ÷ 4 = 94$ r 1 95 pages
18. $267 ÷ 4 = 66$ r 3 67 pages

Number Textbook 2
page 40 cont . . .
Multiplication/division N34

🄔
9. $199 \div 6 = 33\ r\ 1$ 34 pages   10. $371 \div 6 = 61\ r\ 5$ 62 pages
11. $159 \div 6 = 26\ r3$ 27 pages   12. $161 \div 6 = 26\ r\ 5$ 27 pages
13. $385 \div 6 = 64\ r\ 1$ 65 pages   14. $173 \div 6 = 28\ r\ 5$ 29 pages
15. $255 \div 6 = 42\ r\ 3$ 43 pages   16. $289 \div 6 = 48\ r\ 1$ 49 pages
17. $377 \div 6 = 62\ r\ 5$ 63 pages   18. $267 \div 6 = 44\ r\ 3$ 45 pages

---

page 41
Multiplication/division N34
Remainders

1. $197 \div 7 = 28\ r\ 1$ 1 lamp left   2. $115 \div 7 = 16\ r\ 3$ 3 lamps left
3. $296 \div 7 = 42\ r\ 2$ 2 lamps left   4. $156 \div 7 = 22\ r\ 2$ 2 lamps left
5. $189 \div 7 = 27$ 0 lamps left   6. $227 \div 7 = 32\ r\ 3$ 3 lamps left
7. $305 \div 7 = 43\ r\ 4$ 4 lamps left   8. $353 \div 7 = 50\ r\ 3$ 3 lamps left

🄔
1. $197 \div 9 = 21\ r\ 8$ 8 lamps left   2. $115 \div 9 = 12\ r\ 7$ 7 lamps left
3. $296 \div 9 = 32\ r\ 8$ 8 lamps left   4. $156 \div 9 = 17\ r\ 3$ 3 lamps left
5. $189 \div 9 = 21$ 0 lamps left   6. $227 \div 9 = 25\ r\ 2$ 2 lamps left
7. $305 \div 9 = 33\ r\ 8$ 8 lamps left   8. $353 \div 9 = 39\ r\ 2$ 2 lamps left

9. $207 \div 8 = 25\ r\ 7$ 26 drums needed
10. $104 \div 8 = 13$ 13 drums needed
11. $219 \div 8 = 27\ r\ 3$ 28 drums needed
12. $117 \div 8 = 14\ r\ 5$ 15 drums needed
13. $333 \div 8 = 41\ r\ 5$ 42 drums needed
14. $197 \div 8 = 24\ r\ 5$ 25 drums needed
15. $257 \div 8 = 32\ r\ 1$ 33 drums needed
16. $339 \div 8 = 42\ r\ 3$ 43 drums needed

---

page 42
Multiplication/division N34
Remainders

1. $205 \div 6 = 34\ r\ 1$ 34 full cars   35 cars needed
2. $337 \div 6 = 56\ r\ 1$ 56 full cars   57 cars needed
3. $217 \div 6 = 36\ r\ 1$ 36 full cars   37 cars needed
4. $251 \div 6 = 41\ r\ 5$ 41 full cars   42 cars needed
5. $341 \div 6 = 56\ r\ 5$ 56 full cars   57 cars needed
6. $278 \div 6 = 46\ r\ 2$ 46 full cars   47 cars needed

Number Textbook 2

page 42 cont...   Multiplication/division   N34

7. $457 \div 6 = 76$ r 1   76 full cars   77 cars needed
8. $310 \div 6 = 51$ r 4   51 full cars   52 cars needed
9. $519 \div 6 = 86$ r 3   86 full cars   87 cars needed
10. $634 \div 6 = 105$ r 4   105 full cars   106 cars needed
11. $561 \div 6 = 93$ r 3   93 full cars   94 cars needed

Explore
$100 \div 9 = 11$ r 1
$200 \div 9 = 22$ r 2
$300 \div 9 = 33$ r 3
$400 \div 9 = 44$ r 4
$500 \div 9 = 55$ r 5

Multiples of 100 divide by 9 to give that multiple of 11 with a remainder of that same multiple.

page 43   Fractions/decimals   N35
Rounding

1. $a = 3.2 \to 3$ $b = 3.4 \to 3$ $c = 3.6 \to 4$ $d = 3.9 \to 4$
2. $e = 6.2 \to 6$ $f = 6.6 \to 7$ $g = 6.9 \to 7$ $h = 7.1 \to 7$ $i = 7.4 \to 7$
    $j = 7.5 \to 8$ $k = 7.8 \to 8$
3. $l = 10.6 \to 11$ $m = 11.4 \to 11$ $n = 12.5 \to 13$ $p = 14.1 \to 14$ $q = 15.8 \to 16$
    $r = 16.5 \to 17$ $s = 17.6 \to 18$ $t = 18.4 \to 18$ $u = 19.8 \to 20$

4. $22.7 \to 23$ seconds   5. $23.8 \to 24$ seconds   6. $26.5 \to 27$ seconds
7. $17.2 \to 17$ seconds   8. $18.9 \to 19$ seconds   9. $19.3 \to 19$ seconds
10. $17.8 \to 18$ seconds   11. $24.2 \to 24$ seconds   12. $20.8 \to 21$ seconds
13. $21.9 \to 22$ seconds   14. $16.7 \to 17$ seconds   15. $21.3 \to 21$ seconds

page 44   Fractions/decimals   N35
Rounding

1. 7.8 cm $\to 8$ cm   2. 4.3 cm $\to 4$ cm   3. 3.6 cm $\to 4$ cm
4. 5.2 cm $\to 5$ cm   5. 2.9 cm $\to 3$ cm   6. 6.4 cm $\to 6$ cm
7. 7.1 cm $\to 7$ cm   8. 8.4 cm $\to 8$ cm

Number Textbook 2
page 44 cont . . .
Fractions/decimals N35

Ⓔ
1. 7·8 cm → 8·0 cm
2. 4·3 cm → 4·5 cm
3. 3·6 cm → 3·5 cm
4. 5·2 cm → 5·0 cm
5. 2·9 cm → 3·0 cm
6. 6·4 cm → 6·5 cm
7. 7·1 cm → 7·0 cm
8. 8·4 cm → 8·5 cm

9. 125·6 m → 126 m
10. 136·7 m → 137 m
11. 144·1 m → 144 m
12. 111·9 m → 112 m
13. 123·4 m → 123 m
14. 198·39 m → 198 m
15. 102·57 m → 103 m
16. 100·23 m → 100 m
17. 99·99 m → 100 m
18. 76·09 m → 76 m
19. 38·13 m → 38 m
20. 59·65 m → 60 m
21. 78·49 m → 78 m

page 45
Rounding
Fractions/decimals N35

1. £11·93 → £12
2. £12·17 → £12
3. £13·29 → £13
4. £14·79 → £15
5. £10·19 → £10
6. £12·55 → £13
7. £13·21 → £13
8. £12·79 → £13
9. £12·91 → £13

Ⓔ
1. £11·93 → £11.90
2. £12·17 → £12.20
3. £13·29 → £13.30
4. £14·79 → £14.80
5. £10·19 → £10.20
6. £12·55 → £12.60
7. £13·21 → £13.20
8. £12·79 → £12.80
9. £12·91 → £12.90

Explore
2·3 → 2, 2·4 → 2, 2·7 → 3, 2·8 → 3
3·2 → 3, 3·4 → 3, 3·7 → 4, 3·8 → 4
4·2 → 4, 4·3 → 4, 4·7 → 5, 4·8 → 5
7·2 → 7, 7·3 → 7, 7·4 → 7, 7·8 → 8
8·2 → 8, 8·3 → 8, 8·4 → 8, 8·7 → 9
There are 20 different decimal numbers.
There are 7 different nearest whole numbers.

page 46
Adding decimals
Fractions/decimals N36

1. 0·8 + 0·2 = 1 m
2. 0·3 + 0·7 = 1 m
3. 0·6 + 0·4 = 1 m
4. 0·9 + 0·1 = 1 m
5. 0·2 + 0·8 = 1 m
6. 0·7 + 0·3 = 1 m
7. 0·5 + 0·5 = 1 m

Number Textbook 2
page 46 cont . . .
Fractions/decimals **N36**

🌀 1. 0·7 m   2. 0·2 m   3. 0·5 m   4. 0·8 m   5. 0·1 m
6. 0·6 m   7. 0·4 m

8. 0·8 + 0·5 = 1·3
9. 0·7 + 0·6 = 1·3
10. 0·6 + 0·5 = 1·1
11. 0·3 + 0·8 = 1·1
12. 0·9 + 0·4 = 1·3
13. 0·5 + 0·7 = 1·2
14. 0·2 + 0·9 = 1·1

page 47
Adding decimals
Fractions/decimals **N36**

1. 5·8 + 3·5 = 9·3 l
2. 4·6 + 2·7 = 7·3 l
3. 3·4 + 4·9 = 8·3 l
4. 7·1 + 1·8 = 8·9 l
5. 8·9 + 0·9 = 9·8 l
6. 2·5 + 6·7 = 9·2 l
7. 6·3 + 2·8 = 9·1 l

🌀 1. 0·7 l   2. 2·7 l   3. 1·7 l   4. 1·1 l   5. 0·2 l
6. 0·8 l   7. 0·9 l

8. £3·49 + £2·70 = £6·19
9. £3·38 + £1·91 = £5·29
10. £4·46 + £2·72 = £7·18
11. £3·87 + £1·32 = £5·19
12. £3·55 + £2·64 = £6·19
13. £4·29 + £2·90 = £7·19
14. £3·74 + £1·55 = £5·29

page 48
Subtracting decimals
Fractions/decimals **N36**

1. 4·6 − 3·2 = 1·4 km
2. 5·5 − 2·4 = 3·1 km
3. 6·7 − 3·4 = 3·3 km
4. 3·3 − 2·1 = 1·2 km
5. 10·8 − 7·9 = 2·9 km
6. 16·4 − 12·7 = 3·7 km
7. 21·6 − 19·9 = 1·7 km

🌀
1. 1·4 km × 5 = 7·0 km
2. 3·1 km × 5 = 15·5 km
3. 3·3 km × 5 = 16·5 km
4. 1·2 km × 5 = 6·0 km
5. 2·9 km × 5 = 14·5 km
6. 3·7 km × 5 = 18·5 km
7. 1·7 km × 5 = 8·5 km

8. 6·84 − 1·92 = 4·92 l
9. 5·48 − 2·52 = 2·96 l
10. 8·29 − 2·32 = 5·97 l
11. 7·18 − 3·42 = 3·76 l
12. 6·08 − 1·82 = 4·26 l
13. 7·65 − 4·76 = 2·89 l
14. 9·43 − 6·91 = 2·52 l

Number Textbook 2
page 49
Fractions/decimals **N36**
Subtracting decimals
1. 4·64 − 1·72 = 2·92 km
2. 3·26 − 1·81 = 1·45 km
3. 4·71 − 2·34 = 2·37 km
4. 5·18 − 3·62 = 1·56 km
5. 7·31 − 5·68 = 1·63 km
6. 4·29 − 1·73 = 2·56 km
7. 6·83 − 4·69 = 2·14 km
8. 13·65 − 10·75 = 2·9 km
9. 10·85 − 9·16 = 1·69 km
10. 20·46 − 7·98 = 12·48 km

©
1. 2·92 km → 3 km
2. 1·45 km → 1 km
3. 2·37 km → 2 km
4. 1·56 km → 2 km
5. 1·63 km → 2 km
6. 2·56 km → 3 km
7. 2·14 km → 2 km
8. 2·9 km → 3 km
9. 1·69 km → 2 km
10. 12·48 km → 12 km

Explore
There are 71 subtractions with the answer 1·23.

page 50
Percentages **N37**
Percentages
1. 50% red, 40% blue, 10% yellow
2. 30% red, 50% blue, 20% yellow
3. 20% red, 40% blue, 40% yellow
4. 10% red, 60% blue, 30% yellow
5. 40% red, 10% blue, 50% yellow
6. 20% red, 60% blue, 20% yellow
7. 30% red, 40% blue, 30% yellow
8. 60% red, 30% blue, 10% yellow
9. 30% red, 30% blue, 40% yellow
10. 10% red, 10% blue, 80% yellow
11. 20% red, 20% blue, 60% yellow
12. 40% red, 40% blue, 20% yellow
13. 10% red, 40% blue, 50% yellow

14. $30\% = \frac{30}{100} = \frac{3}{10}$
15. $90\% = \frac{90}{100} = \frac{9}{10}$
16. $60\% = \frac{60}{100} = \frac{6}{10}$
17. $10\% = \frac{10}{100} = \frac{1}{10}$
18. $50\% = \frac{50}{100} = \frac{5}{10}$
19. $80\% = \frac{80}{100} = \frac{8}{10}$
20. $20\% = \frac{20}{100} = \frac{2}{10}$
21. $40\% = \frac{40}{100} = \frac{4}{10}$
22. $70\% = \frac{70}{100} = \frac{7}{10}$

page 51
Percentages **N37**
Percentages
1. 43%
2. 67%
3. 21%
4. 59%
5. 82%
6. 35%
7. 76%
8. 12%
9. 94%

1a. 57%
2a. 33%
3a. 79%
4a. 41%
5a. 18%
6a. 65%
7a. 24%
8a. 88%
9a. 6%

Number Textbook 2
page 51 cont . . .
Percentages N37

10. 48% 11. 38% 12. 92% 13. 40% 14. 21%
15. 5%

16. $\frac{29}{100}$ 17. $\frac{10}{100} = \frac{1}{10}$ 18. $\frac{98}{100} = \frac{49}{50}$ 19. $\frac{75}{100} = \frac{3}{4}$ 20. $\frac{67}{100}$
21. $\frac{2}{100} = \frac{1}{50}$

---

page 52
Percentages
Percentages N37

1. 25%   2. 20%   3. 50%   4. 40%   5. 75%
6. 30%   7. 80%   8. 70%   9. 60%   10. 10%
11. 50% 12. 25% 13. 75% 14. 10% 15. 20%
16. 60% 17. 70% 18. 5%   19. 85%

---

page 53
Percentages
Percentages N37

1. 50% of 80p = 40p   2. 50% of 60p = 30p   3. 50% of 40p = 20p
4. 50% of 50p = 25p   5. 50% of 90p = 45p   6. 50% of 70p = 35p
7. 50% of 20p = 10p   8. 50% of £1 = 50p   9. 50% of 66p = 33p
10. 50% of 84p = 42p 11. 50% of 46p = 23p 12. 50% of 36p = 18p

◉
1. 50% of 80p = 40p   80p + 40p = £1.20
2. 50% of 60p = 30p   60p + 30p = 90p
3. 50% of 40p = 20p   40p + 20p = 60p
4. 50% of 50p = 25p   50p + 25p = 75p
5. 50% of 90p = 45p   90p + 45p = £1.35
6. 50% of 70p = 35p   70p + 35p = £1.05
7. 50% of 20p = 10p   20p + 10p = 30p
8. 50% of £1 = 50p   £1 + 50p = £1.50
9. 50% of 66p = 33p   66p + 33p = 99p
10. 50% of 84p = 42p   84p + 42p = £1.26
11. 50% of 46p = 23p   46p + 23p = 69p
12. 50% of 36p = 18p   36p + 18p = 54p

Explore
Answers will vary.

Number Textbook 2
page 54
Addition/subtraction N38

Making 1 and 10

1. $0·4 + 0·6 = 1$
2. $0·6 + 0·4 = 1$
3. $0·8 + 0·2 = 1$
4. $0·7 + 0·3 = 1$
5. $0·2 + 0·8 = 1$
6. $0·3 + 0·7 = 1$
7. $0·9 + 0·1 = 1$
8. $0·5 + 0·5 = 1$
9. $0·1 + 0·9 = 1$

10. $10·0 - 7·2 = 2·8$ m
11. $10·0 - 6·4 = 3·6$ m
12. $10·0 - 8·1 = 1·9$ m
13. $10·0 - 5·4 = 4·6$ m
14. $10·0 - 6·2 = 3·8$ m
15. $10·0 - 3·7 = 6·3$ m
16. $10·0 - 4·6 = 5·4$ m
17. $10·0 - 2·5 = 7·5$ m
18. $10·0 - 3·3 = 6·7$ m
19. $10·0 - 2·8 = 7·2$ m

© 2·5 m, 2·8 m, 3·3 m, 3·7 m, 4·6 m, 5·4 m, 6·2 m, 6·4 m, 7·2 m, 8·1 m

---

page 55
Addition/subtraction N38

Making 10

1. $2·8 + 0·2 = 3$ km   0·2 km further
2. $7·4 + 0·6 = 8$ km   0·6 km further
3. $8·6 + 0·4 = 9$ km   0·4 km further
4. $6·3 + 0·7 = 7$ km   0·7 km further
5. $3·5 + 0·5 = 4$ km   0·5 km further
6. $5·9 + 0·1 = 6$ km   0·1 km further
7. $4·2 + 0·8 = 5$ km   0·8 km further
8. $5·8 + 0·2 = 6$ km   0·2 km further
9. $6·6 + 0·4 = 7$ km   0·4 km further
10. $2·7 + 0·3 = 3$ km   0·3 km further

©
1. $2·8$ km $+ 7·2$ km $= 10$ km   7·2 km further
2. $7·4$ km $+ 2·6$ km $= 10$ km   2·6 km further
3. $8·6$ km $+ 1·4$ km $= 10$ km   1·4 km further
4. $6·3$ km $+ 3·7$ km $= 10$ km   3·7 km further
5. $3·5$ km $+ 6·5$ km $= 10$ km   6·5 km further
6. $5·9$ km $+ 4·1$ km $= 10$ km   4·1 km further
7. $4·2$ km $+ 5·8$ km $= 10$ km   5·8 km further
8. $5·8$ km $+ 4·2$ km $= 10$ km   4·2 km further
9. $6·6$ km $+ 3·4$ km $= 10$ km   3·4 km further
10. $2·7$ km $+ 7·3$ km $= 10$ km   7·3 km further

Explore

$0·2 + 9·8$, $0·3 + 9·7$, $0·4 + 9·6$, $0·7 + 9·3$, $0·6 + 9·4$, $0·8 + 9·2$
$1·3 + 8·7$, $1·4 + 8·6$, $1·6 + 8·4$, $1·7 + 8·3$
$2·1 + 7·9$, $2·4 + 7·6$, $2·6 + 7·4$, $2·9 + 7·1$
$3·1 + 6·9$, $3·2 + 6·8$, $3·8 + 6·2$, $3·9 + 6·1$
$4·1 + 5·9$, $4·2 + 5·8$, $4·3 + 5·7$, $4·8 + 5·2$, $4·9 + 5·1$

Number Textbook 2

page 56
Making 10

Addition/subtraction — N38

1. £10·00 − £3·40 = £6·60
2. £10·00 − £8·70 = £1·30
3. £10·00 − £6·50 = £3·50
4. £10·00 − £8·40 = £1·60
5. £10·00 − £2·20 = £7·80
6. £10·00 − £5·10 = £4·90
7. £10·00 − £1·90 = £8·10
8. £10·00 − £3·60 = £6·40
9. £10·00 − £7·50 = £2·50
10. £10·00 − £4·20 = £5·80
11. 10 m − 3·8 m = 6·2 m
12. 10 m − 2·6 m = 7·4 m

page 57
Adding decimals

Addition/subtraction — N39

1. 4·85 + 3·25 = 8·10
2. 1·84 + 2·28 = 4·12
3. 5·91 + 1·86 = 7·77
4. 12·7 + 17·5 = 30·2
5. 5·91 + 2·84 = 8·75
6. 21·6 + 43·7 = 65·3
7. 6·27 + 1·85 = 8·12
8. 8·09 + 2·76 = 10·85
9. 65·4 + 39·3 = 104·7
10. 4·77 + 5·48 = 10·25
11. 46·8 + 59·7 = 106·5

12. £4.24 + £3.46 + £5.81 = £13.51
13. £2.79 + £1.99 + £4.86 = £9.64
14. £3.87 + £6.16 + £5.23 = £15.26
15. £7.44 + £4.95 + £2.09 = £14.48
16. £5.63 + £5.19 + £7.52 = £18.34
17. £8.49 + £1.99 + £4.99 = £15.47

ⓔ
12. £6.49 13. £10.36 14. £4.74 15. £5.52 16. £1.66
17. £4.53

page 58
Adding decimals

Addition/subtraction — N39

1. 34·5 + 28·5 + 36·3 = 99·3 seconds
2. 39·6 + 41·8 + 44·4 = 125·8 seconds
3. 45·6 + 35·8 + 34·2 = 115·6 seconds
4. 43·1 + 45·2 + 42·9 = 131·2 seconds
5. 37·9 + 36·3 + 40·4 = 114·6 seconds
6. 35·9 + 39·8 + 40·3 = 116·0 seconds
7. 44·8 + 42·6 + 41·9 = 129·3 seconds

ⓔ
Sally   140·9 seconds
Ahmed   167·4 seconds
Jake   157·2 seconds
Mel   172·8 seconds
Parvati 156·2 seconds
Jennie   157·6 seconds
Wes   170·9 seconds

Number Textbook 2
page 58 cont...

Addition/subtraction **N39**

Explore
The nearest total to 10 is 10·08, e.g. 3·57 + 4·89 + 1·62.

page 59
Adding decimals

Addition/subtraction **N39**

1. 4·72 + 3·68 + 2·42 = 10·82 km
2. 1·36 + 3·51 + 2·79 = 7·66 km
3. 6·16 + 2·45 + 5·27 = 13·88 km
4. 3·84 + 2·75 + 4·91 = 11·50 km
5. 5·08 + 3·29 + 4·36 = 12·73 km
6. 4·69 + 2·71 + 2·95 = 10·35 km
7. 2·66 + 6·82 + 4·41 = 13·89 km

@ 1. 4·18 km   2. 7·34 km   3. 1·12 km   4. 3·50 km   5. 2·27 km
   6. 4·65 km   7. 1·11 km

8. £7.69   £10.00 − £7.69 = £2.31
9. 44·4 kg − 40 kg = 4·4 kg

page 60
Deriving related facts

Addition/subtraction **N40**

1. 1000 − 27 = 973   27 + 973 = 1000   1000 − 973 = 27
2. 3000 − 899 = 2101   899 + 2101 = 3000   3000 − 2101 = 899
3. 4000 − 1501 = 2499   1501 + 2499 = 4000   4000 − 2499 = 1501
4. 2004 − 699 = 1305   699 + 1305 = 2004   2004 − 1305 = 699

@ Answers will vary.

5. 535 + 464 = 999   464 + 535 = 999   999 − 464 = 535   999 − 535 = 464
6. 17 + 784 = 801   784 + 17 = 801   801 − 17 = 784   801 − 784 = 17
7. 46 + 429 = 475   429 + 46 = 475   475 − 429 = 46   475 − 46 = 429
8. 698 + 313 = 1011   313 + 698 = 1011   1011 − 698 = 313   1011 − 313 = 698
9. 552 + 2312 = 2864   2312 + 552 = 2864 2864 − 552 = 2312
   2864 − 2312 = 552
10. 1801 + 2116 = 3917 2116 + 1801 = 3917 3917 − 1801 = 2116
    3917 − 2116 = 1801
11. 2012 + 2996 = 5008 2996 + 2012 = 5008 5008 − 2012 = 2996
    5008 − 2996 = 2012

Number Textbook 2

page 61
Deriving related facts

Addition/subtraction — N40

1. 864 − 475 = 389
2. 1012 − 983 = 29
3. 888 − 543 = 345
4. 475 + 389 = 864
5. 290 ÷ 2 = 145
6. 389 + 475 = 864
7. 543 − 345 = 198
8. 1012 + 29 = 1041
9. 543 + 345 = 888
10. 145 × 2 = 290

462 + 538 = 1000   538 + 462 = 1000   1000 − 462 = 538   1000 − 538 = 462
311 + 8 = 319   8 + 311 = 319   319 − 8 = 311   319 − 311 = 8
319 + 143 = 462   143 + 319 = 462   462 − 143 = 319   462 − 319 = 143

page 62
Deriving related facts

Addition/subtraction — N40

1. 4864 − 3422 = 1442 female
2. 1442 − 399 = 1043 women
3. 1214 − 399 = 815 boys
4. 3422 − 815 = 2607 men
5. 2607 − 1043 = 1564 more men than women
6. 4864 − 3002 = 1862 away fans
7. 3650 − 1214 = 2436 more adults than children
8. 815 − 399 = 416 more boys than girls
9. 3002 − 1862 = 1140 more home fans than away fans
10. £10 × 3650 = £36500   £2 × 1214 = £2428
    £36500 + £2428 = £38928 takings

Explore
The digital root of the total is always 9.

page 63
Subtracting decimals

Addition/subtraction — N41

1. 42·3 − 26·4 = 15·9
2. 52·3 − 36·9 = 15·4
3. 43·3 − 25·8 = 17·5
4. 31·2 − 14·3 = 16·9
5. 74·5 − 57·6 = 16·9
6. 51·7 − 39·8 = 11·9
7. 62·4 − 19·8 = 42·6

8. £3·12 − £2·60 = £0·52 = 52p
9. £3·14 − £1·89 = £1·25
10. £5·12 − £4·24 = £0·88 = 88p
11. £7·12 − £4·68 = £2·44
12. £9·20 − £5·49 = £3·71
13. £3·70 − £2·99 = £0·71 = 71p
14. £6·42 − £4·83 = £1·59

Number Textbook 2
page 63 cont . . .

Addition/subtraction **N41**

🙂
8. £5·20 − £3·12 = £2·08
10. £8·48 − £5·12 = £3·36
12. £10·98 − £9·20 = £1·78
14. £9·66 − £6·42 = £3·24

9. £3·78 − £3·14 = £0·64 = 64p
11. £9·36 − £7·12 = £2·24
13. £5·98 − £3·70 = £2·28

---

page 64
Subtracting decimals

Addition/subtraction **N41**

1. 3·14 − 2·49 = 0·65 m
2. 4·34 − 2·87 = 1·47 m
3. 3·33 − 2·86 = 0·47 m
4. 4·21 − 3·78 = 0·43 m
5. 2·84 − 1·95 = 0·89 m
6. 2·53 − 1·76 = 0·77 m
7. 3·23 − 2·79 = 0·44 m
8. 4·24 − 3·66 = 0·58 m
9. 3·04 − 1·78 = 1·26 m
10. 4·56 − 1·97 = 2·59 m

Explore
Nearest answer to 0 is 0·02, e.g. 20 − (7·95 + 8·62 + 3·41).

---

page 65
Subtracting decimals

Addition/subtraction **N41**

1. 3·42 − 2·86 = 0·56 m = 56 cm
2. 10·98 − 6·16 = 4·82 m
3. 5·17 − 3·49 = 1·68 m
4. 11·13 − 4·25 = 6·88 m
5. 10·14 − 8·57 = 1·57 m
6. 6·82 − 4·94 = 1·88 m
7. 9·61 − 7·83 = 1·78 m

🙂
1. 3·42 + 2·86 = 6·28 m   20·00 − 6·28 = 13·72 m
2. 6·16 + 10·98 = 17·14 m   20·00 − 17·14 = 2·86 m
3. 5·17 + 3·49 = 8·66 m   20·00 − 8·66 = 11·34 m
4. 4·25 + 11·13 = 15·38 m   20·00 − 15·38 = 4·62 m
5. 8·57 + 10·14 = 18·71 m   20·00 − 18·71 = 1·29 m
6. 6·82 + 4·94 = 11·76 m   20·00 − 11·76 = 8·24 m
7. 9·61 + 7·83 = 17·44 m   20·00 − 17·44 = 2·56 m

8. £10·00 − £7·11 = £2·89
10. 5·0 − 4·47 = 0·53 litres left

9. 24·7 kg − 3·42 kg = 21·28 kg

Number Textbook 2
page 66
Odd and even numbers
Properties of number — N42

–	6	7	8	9	10
1	5	6	7	8	9
2	4	5	6	7	8
3	3	4	5	6	7
4	2	3	4	5	6
5	1	2	3	4	5

1. odd − even = odd
2. odd − odd = even
3. even − odd = odd
4. even − even = even
5. odd
6. odd
7. odd
8. odd
9. odd
10. odd
11. even
12. odd
13. even

page 67
Odd and even numbers
Properties of number — N42

1. even
2. even
3. odd
4. odd
5. even
6. even
7. even
8. even
9. odd
10. odd
11. odd
12. odd
13. odd
14. even

Explore

12 horizontal pairs have odd totals
0 horizontal pairs have even totals
8 vertical pairs have odd totals
4 vertical pairs have even totals
12 horizontal pairs have odd differences
0 horizontal pairs have even differences
8 vertical pairs have odd differences
4 vertical pairs have even differences
4 horizontal triples have odd totals
4 horizontal triples have even totals
4 vertical triples have odd totals
4 vertical triples have even totals
0 horizontal quadruples have odd totals
4 horizontal quadruples have even totals
0 vertical quadruples have odd totals

Number Textbook 2

page 67 cont...
Properties of number N42

4 vertical quadruples have even totals
All horizontal and vertical quadruples have the same total 34. This is a magic square.

page 68
Square numbers
Properties of number N43

1. $5 \times 5 = 25$
2. $7 \times 7 = 49$
3. $4 \times 4 = 16$
4. $10 \times 10 = 100$
5. $2 \times 2 = 4$
6. $1 \times 1 = 1$
7. $3 \times 3 = 9$
8. $6 \times 6 = 36$
9. $9 \times 9 = 81$
10. $8 \times 8 = 64$
11. 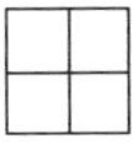
12. 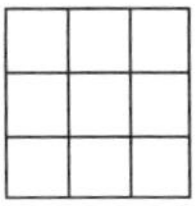
13. 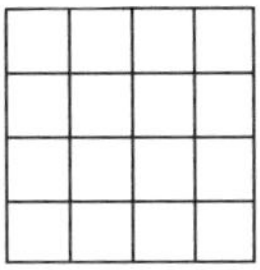
14. 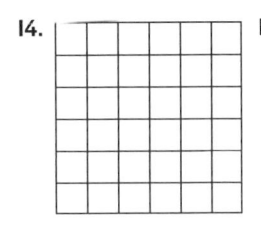
15. 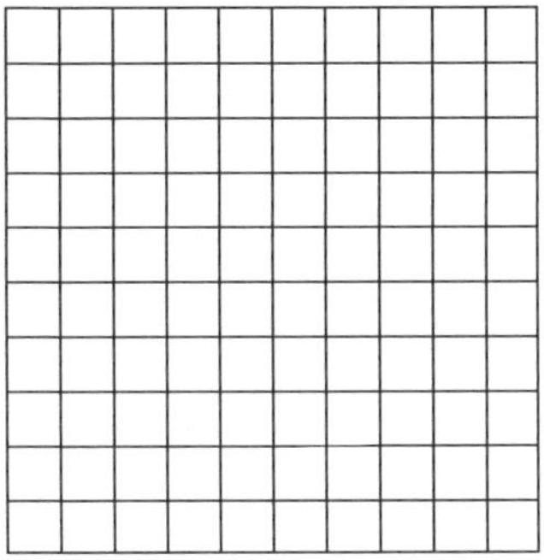
16.

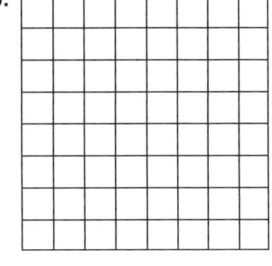

page 69
Square numbers
Properties of number N43

1. $6 \times 6p = 36p$
2. $2 \times 2p = 4p$
3. $7 \times 7p = 49p$
4. $5 \times 5p = 25p$
5. $9 \times 9p = 81p$
6. $8 \times 8p = 64p$
7. $10 \times 10p = 100p = £1$
8. $4 \times 4p = 16p$
9. $1 \times 1p = 1p$
10. $3 \times 3p = 9p$

Explore
121, 144, 169, 196, 225, 256, 289, 324, 361, 400
pattern 1, 4, 9, 6, 5, 6, 9, 4, 1, 0
pattern 0, 1, 4, 9, 6, 5, 6, 9, 4, 1, 0, 1, 4, 9, 6, 5, 6, 9, 4, 1, 0, ...

Number Textbook 2
page 70
Properties of number **N43**

Square numbers

1. $8^2 = 64$
2. $11^2 = 121$
3. $12^2 = 144$
4. $13^2 = 169$
5. $20^2 = 400$
6. $15^2 = 225$
7. $100^2 = 10000$
8. $25^2 = 625$
9. $30^2 = 900$
10. $6 \times 6 = 36$
11. $2 \times 2 = 4$
12. $9 \times 9 = 81$
13. $7 \times 7 = 49$
14. $5 \times 5 = 25$
15. $3 \times 3 = 9$
16. $1 \times 1 = 1$
17. $10 \times 10 = 100$
18. $4 \times 4 = 16$
19. $8 \times 8 = 64$
20. $14 \times 14 = 196$
21. $21 \times 21 = 441$
22. $16 \times 16 = 256$
23. $24 \times 24 = 576$
24. $19 \times 19 = 361$

Explore
$4 - 1 = 3$, $9 - 4 = 5$, $16 - 9 = 7$, $25 - 16 = 9$ ...
The pattern is the sequence of odd numbers.

page 71
Mixed problems

1. 1 hr 45 + 1 hr 10 + 15 min + 20 min = 3hr 30   8:05 − 3 hr 30 = 4: 35 a.m.
2. £79·99 − £35 = £44·99   £44·99 ÷ £6 = 7 r £2·99   so 7 lots of wages needed → 6weeks
3. 600 − 504 = 96 words
4. 58 + 58 + 9 + 39 + 29 + 29 = 222 people

page 72
Mixed problems

1. output always 5 more than input
2. 46
3. any of the following: 252, 444, 636, 696, 828, 888
4. output 100 × input
5. answer = your age
6. 0·49

Shape, Data and Measures
page 3
Length **M1**

Millimetres, centimetres, metres and kilometres

1. 1 m = 100 cm
2. 1 cm = 10 mm
3. 50 mm = 5 cm
4. 14 m = 1400 cm
5. 20 cm = 200 mm
6. 5 mm = $\frac{1}{2}$ cm
7. 200 cm = 2 m
8. $\frac{1}{4}$ m = 25 cm
9. 100 mm = 10 cm
10. 12 m = 1200 cm
11. 1 m = 1000 mm
12. 10 m = 1000 cm
13. 20 m = 2000 cm
14. 2 cm = 20 mm
15. 2·5 m = 2500 mm
16. 30 m = 3000 cm

17. 1·5 km = 1500 m
18. 2·5 km = 2500 m
19. 0·5 km = 500 m
20. 1·25 km = 1250 m
21. 3·5 km = 3500 m
22. 2·25 km = 2250 m
23. 1·75 km = 1750 m

@
17. 1·5 km = 1500 m = 150 000 cm = 1 500 000 mm
18. 2·5 km = 2500 m = 250 000 cm = 2 500 000 mm
19. 0·5 km = 500 m = 50 000 cm = 500 000 mm
20. 1·25 km = 1250 m = 125 000 cm = 1 250 000 mm
21. 3·5 km = 3500 m = 350 000 cm = 3 500 000 mm
22. 2·25 km = 2250 m = 225 000 cm = 2 250 000 mm
23. 1·75 km = 1750 m = 175 000 cm = 1 750 000 mm

---

page 4
Length **M1**

Millimetres, centimetres, metres and kilometres

1. 436 cm = 4·36 m
2. 0·6 km = 600 m
3. 42 mm = 0·042 m
4. 3·5 km = 3500 m
5. 5·6 km = 5600 m
6. 1500 cm = 15 m
7. 190 mm = 0·190 m
8. 2·6 km = 2600 m
9. 2540 cm = 25·40 m
10. 560 mm = 0·560 m

11. 60 miles = 100 km
12. 300 miles = 500 km
13. 120 miles = 200 km
14. 15 miles = 25 km
15. 90 miles = 150 km
16. 1·5 miles = 2·5 km

@
11. 100 km = 100 000 m
12. 500 km = 500 000 m
13. 200 km = 200 000 m
14. 25 km = 25 000 m
15. 150 km = 150 000 m
16. 2·5 km = 2500 m

Shape, Data and Measures

page 5 — Length — M1
Measuring in centimetres and millimetres

a. 3·8 cm = 38 mm   b. 6·2 cm = 62 mm   c. 5·5 cm = 55 mm
d. 15·0 cm = 150 mm   e. 4·3 cm = 43 mm   f. 6·6 cm = 66 mm
g. 2·0 cm = 20 mm   h. 4·8 cm = 48 mm   i. 2·2 cm = 22 mm
j. 3·5 cm = 35 mm

1–9. Check lines are correct lengths.

Explore
Answers will vary.

---

page 6 — Weight — M2
Grams and kilograms

1. 1·42 kg = 1420 g   2. 0·75 kg = 750 g   3. 0·94 kg = 940 g
4. 1·33 kg = 1330 g   5. 0·25 kg = 250 g   6. 1·04 kg = 1040 g
7. 0·86 kg = 860 g

● 250 g   750 g   860 g   940 g   1040 g   1330 g   1420 g

8. 3420 g = 3·42 kg   9. 1240 g = 1·24 kg   10. 3040 g = 3·04 kg
11. 600 g = 0·6 kg   12. 7500 g = 7·5 kg   13. 9001 g = 9·001 kg
14. 1250 g = 1·25 kg

---

page 7 — Weight — M2
Grams and kilograms

1. 2500 g = 2·5 kg   2. 4600 g = 4·6 kg   3. 346 g = 0·346 kg
4. 500 g = $\frac{1}{2}$ kg   5. 1750 g = 1·75 kg   6. $\frac{1}{4}$ kg = 250 g
7. 3000 g = 3 kg   8. 2·33 kg = 2330 g   9. 300 g = 0·3 kg
10. 0·75 kg = 750 g   11. $1\frac{1}{2}$ kg = 1500 g   12. 1·25 kg = 1250 g
13. 2250 g = $2\frac{1}{4}$ kg

● $\frac{1}{4}$ kg, 0·3 kg, 0·346 kg, $\frac{1}{2}$ kg, 0·75 kg, 1·25 kg, $1\frac{1}{2}$ kg, 1·75 kg, $2\frac{1}{4}$ kg, 2·33 kg, 2·5 kg, 3 kg, 4·6 kg

14–20. Check the weights are correct.

● Answers will vary.

Shape, Data and Measures

page 8 — Weight — M2
Estimating weight
1. 3500 g = 3·5 kg
2. 450 g = 0·45 kg
3. 600g = 0·6 kg
4. 990 g = 0·99 kg
5. 4000 g = 4 kg
6. 30 000 g = 30 kg

7. 2800 + 15 500 + 950 + 4500 = 23 750 g = 23·75 kg
25 − 23·75 = 1·25 kg
Towels weigh between approximately 800 g and 1 kg, so yes, Selma can take her towel.
8. 100 g margarine, 100 g sugar, 100 g cocoa, 75 g syrup, 50 g raisins, 200 g biscuits

page 9 — Area — M3
Area of rectangles
1. 2 × 6 = 12 cm^2
2. 6 × 4 = 24 cm^2
3. 5 × 3 = 15 cm^2
4. 3 × 3 = 9 cm^2
5. 1 × 8 = 8 cm^2
6. 2 × 7 = 14 cm^2
7. 3 × 9 = 27 cm^2

8. 2 × 3 = 6 cm^2
9. 3 × 6 = 18 cm^2
10. 4 × 5 = 20 cm^2
11. 1 × 11 = 11 cm^2
12. 1 × 10 = 10 cm^2
13. 2 × 2 = 4 cm^2

page 10 — Area — M3
Length × breadth
1. 90 × 30 = 2700 m^2
2. 80 × 20 = 1600 m^2
3. 45 × 100 = 4500 m^2
4. 60 × 20 = 1200 m^2
5. 70 × 40 = 2800 m^2
6. 120 × 50 = 6000 m^2
7. 60 × 60 = 3600 m^2
8. 100 × 120 = 12 000 m^2
9. 110 × 40 = 4400 m^2
10. 90 × 80 = 7200 m^2

@
120 m × 90 m = 10 800 m^2
110 m × 100 m = 11 000 m^2
110 m × 100 m is the larger area.

Explore
Any of the following:
5 cm × 480 cm   10 cm × 240 cm
15 cm × 160 cm   20 cm × 120 cm
30 cm × 80 cm   40 cm × 60 cm

Shape, Data and Measures

page 11 — Area — M3
Calculating area

1. $1 \times 4 = 4$, $3 \times 2 = 6$ total area = 10 cm²
2. $5 \times 2 = 10$, $4 \times 1 = 4$ total area = 14 cm²
3. $3 \times 5 = 15$, $7 \times 2 = 14$ total area = 29 cm²
4. $3 \times 1 = 3$, $2 \times 3 = 6$ total area = 9 cm²
5. $5 \times 2 = 10$, $2 \times 1 = 2$ total area = 12 cm²
6. $3 \times 5 = 15$, $8 \times 1 = 8$ total area = 23 cm²
7. $4 \times 1 = 4$, $3 \times 3 = 9$ total area = 13 cm²

Explore
Answers will vary.

---

page 12 — Perimeter — M4
Perimeter of rectangles

1. $100 + 60 = 160$ cm   2. $160 + 64 = 224$ cm   3. $42 + 140 = 182$ cm
4. $200 + 110 = 310$ cm   5. $86 + 120 = 206$ cm   6. $140 + 78 = 218$ cm
7. $150 + 80 = 230$ cm   8. $100 + 98 = 198$ cm   9. $120 + 260 = 380$ cm

●   1. 1500 cm²   2. 2560 cm²   3. 1470 cm²
     4. 5500 cm²   5. 2580 cm²   6. 2730 cm²
     7. 3000 cm²   8. 2450 cm²   9. 7800 cm²

10. $6 + 10 = 16$ cm   11. $8 + 4 = 12$ cm   12. $20 + 16 = 36$ cm
13. $26 + 6 = 52$ cm   14. $12 + 18 = 30$ cm   15. $14 + 22 = 36$ cm

---

page 13 — Perimeter — M4
Perimeter of polygons

1. 6×4 cm = 24 cm   2. 5×9 cm = 45 cm
3. 8×12 cm = 96 cm   4. 3×27 cm = 81 cm
5. $12 \times 2 \cdot 5$ cm = 30 cm   6. $4 \times 13 \cdot 25$ cm = 53 cm
7. $7 \times 7 \cdot 1$ cm = 49·7 cm

8. $(4 \times 2$ cm$) + (2 \times 6$ cm$) = 20$ cm
9. $(4 \times 11$ cm$) + (2 \times 20$ cm$) + 25$ cm $+ 10$ cm $= 119$ cm
10. $(2 \times 38$ cm$) + (2 \times 12$ cm$) + (2 \times 15$ cm$) = 130$ cm
11. 6×24 cm = 144 cm

Shape, Data and Measures
page 14
Perimeter M4
Calculating the length of side of a rectangle

1. 48 − 30 = 18   9 cm
2. 72 − 40 = 32   16 cm
3. 60 − 24 = 36   18 cm
4. 34 − 14 = 20   10 cm
5. 94 − 50 = 44   22 cm
6. 54 − 32 = 22   11 cm
7. 62 − 36 = 26   13 cm
8. 70 − 28 = 42   21 cm
9. 66 − 38 = 28   14 cm
10. 76 − 42 = 34   17 cm

- 1. 135 cm^2
- 2. 320 cm^2
- 3. 216 cm^2
- 4. 70 cm^2
- 5. 550 cm^2
- 6. 176 cm^2
- 7. 234 cm^2
- 8. 294 cm^2
- 9. 266 cm^2
- 10. 357 cm^2

11. 80 ÷ 5 = 16   16 m
12. 4 × 102 m = 408 m
13. (2 × 21 cm) + (2 × 13 cm) = 68 cm
14. 8 cm and 16 cm

page 15
Capacity M5
Litres and millilitres

1. 400 ml = 0·4 l
2. 4200 ml = 4·2 l
3. 2500 ml = 2·5 l
4. 450 ml = 0·45 l
5. 1100 ml = 1·1 l
6. 770 ml = 0·77 l
7. 2000 ml = 2 l
8. 4400 ml = 4·4 l
9. 9900 ml = 9·9 l
10. 1500 ml = 1·5 l

11. 0·05 l = 50 ml
12. 1·5 l = 1500 ml
13. 5·25 l = 5250 ml
14. 2·5 l = 2500 ml
15. 0·25 l = 250 ml
16. 6·006 l = 6006 ml
17. 9·9 l = 9900 ml

page 16
Capacity M5
Litres and millilitres

1. 300 ml = 0·3 l
2. 250 ml = 0·25 l
3. 1000 ml = 1 l
4. 330 ml = 0·33 l
5. 150 ml = 0·15 l
6. 500 ml = 0·5 l
7. 30 000 ml = 30 l
8. 20 ml = 0·02 l
9. 100 000 ml = 100 l

Explore
4 × 250 ml = 1000 ml
10 × 300 ml = 3000 ml
3 × 330 ml = 990 ml
1000 ml + 3000 ml + 990 ml = 4990 ml = 4·99 l
4 + 10 + 3 = 17   17 bottles are needed

Shape, Data and Measures

page 17 — Capacity M5
Capacity problems

1. 30p
2. 4 × 15p = 60p
3. 3 × 20p = 60p
4. 4 × 12·5p = 50p
5. 3 × 15p = 45p
6. 6 × 12·5p = 75p
7. 5 × 10p = 50p
8. 3 × 10p = 30p

9. 18 ÷ 0·9 = 20   20 litres   20 × 5 = 4   35 × 4 = 140 miles
10. 10 ÷ 0·25 = 40   40 bottles   40 × £1·50 = £60   £60 − £45 = £15 profit

page 18 — Time M6
Days, weeks, months and years

1. January — 31 days
2. August — 31 days
3. March — 31 days
4. October — 31 days
5. February — 28 or 29 days
6. September — 30 days
7. June — 30 days
8. April — 30 days
9. May — 31 days
10. December — 31 days
11. July — 31 days
12. November — 30 days

13. 2 weeks is 14 days
14. 1 week 4 days is 11 days
15. total days in months with no 'r' is 123 days
16. 1 year is 365 days (or 366)
17. years 2000 and 2001 are 731 days
18. February 2004 has 29 days
19. a century has (365 × 100) + 25 extra for leap years days = 36 525 days

page 19 — Time M6
Hours, minutes and seconds

1. 2 days = 48 hours
2. 3 days = 72 hours
3. 360 minutes = 6 hours
4. 6000 minutes = 100 hours
5. 10 days = 240 hours
6. 3600 seconds = 1 hour
7. half a day = 12 hours
8. if 4 Sundays then 96 hours, if 5 Sundays then 120 hours
9. 30 days = 720 hours
10. 10 days = 240 hours
11. 20 minutes = 1200 seconds
12. 30 minutes = 1800 seconds
13. 10 minutes = 600 seconds
14. 40 minutes = 2400 seconds

Shape, Data and Measures

page 20 — Time — M6
Estimating time
1. hours and minutes
2. seconds
3. minutes
4. minutes
5. seconds
6. hours (or days)
7. minutes
8. years
9. seconds
10. weeks

11. 2 pages in 1 minute, 1 page in $\frac{1}{2}$ minute, $100 \times \frac{1}{2} = 50$, 100 pages in 50 minutes
12. 120 seconds = 2 minutes, 1 page in 2 minutes, $100 \times 2 = 200$, 100 pages in 200 minutes = 3 hours 20 minutes
13. 300 seconds = 5 minutes, 2 pages in 5 minutes, 1 page in $2\frac{1}{2}$ minutes, $100 \times 2\frac{1}{2} = 250$, 100 pages in 250 minutes = 4 hours 10 minutes
14. 90 seconds = $1\frac{1}{2}$ minutes, 1 page in $1\frac{1}{2}$ minutes, $100 \times 1\frac{1}{2} = 150$, 100 pages in 150 minutes = 2 hours 30 minutes

page 21 — Time — M7
24-hour clock times
1. 4:30 p.m. → 16:30
2. 8:00 a.m. → 08:00
3. 1:15 p.m. → 13:15
4. 3:30 p.m. → 15:30
5. 8:25 a.m. → 08:25
6. 9:25 p.m. → 21:25
7. 9:00 a.m. → 09:00
8. 7:20 p.m. → 19:20
9. 7:30 a.m. → 07:30
10. 10:35 a.m. → 10:35
11. 3:00 a.m. → 03:00
12. 5:50 p.m. → 17:50
13. 11:40 a.m. → 11:40

14. 16:50 → 4:50 p.m.
15. 9:45 → 9:45 a.m.
16. 13:02 → 1:02 p.m.
17. 15:21 → 3:21 p.m.
18. 22:48 → 10:48 p.m.
19. 19:21 → 7:21 p.m.
20. 8:48 → 8:48 a.m.
21. 17:53 → 5:53 p.m.
22. 10:08 → 10:08 a.m.

page 22 — Time — M7
24-hour clock times
1. 13:20 → 1:20 p.m.
2. 18:10 → 6:10 p.m.
3. 11:40 → 11:40 a.m.
4. 20:15 → 8:15 p.m.
5. 14:25 → 2:25 p.m.
6. 12:30 → 12:30 p.m.
7. 17:05 → 5:05 p.m.

8. 16:35 → 17:05   30 minutes
9. 18:10 → 19:05   55 minutes
10. 13:20 → 14:25   65 minutes
11. 17:05 → 18:10   65 minutes
12. 15:50 → 16:35   45 minutes
13. 11:40 → 12:30   50 minutes
14. 19:05 → 20:15   70 minutes

Explore
Answers will vary.

Shape, Data and Measures
page 23
Timetables

1. 14:00
2. 10:50
3. 11:40
4. 13:20
5. 20:00
6. 15:10
7. 12:10
8. 18:20
9. 14:10
10. 09:40
11. 18:30
12. 20:20
13. 17:05
14. 16:15
15. 12:20
16. 12:45

②
1. start 1:35 p.m. finish 2:00 p.m.
2. start 10:35 a.m. finish 10:50 a.m.
3. start 11:15 a.m. finish 11:40 a.m.
4. start 12:55 p.m. finish 1:20 p.m.
5. start 7:35 p.m. finish 8:00 p.m.
6. start 2:45 p.m. finish 3:10 p.m.
7. start 11:45 a.m. finish 12:10 p.m.
8. start 5:55 p.m. finish 6:20 p.m.
9. start 1:45 p.m. finish 2:10 p.m.
10. start 9:15 a.m. finish 9:40 a.m.
11. start 6:05 p.m. finish 6:30 p.m.
12. start 7:55 p.m. finish 8:20 p.m.
13. start 4:40 p.m. finish 5:05 p.m.
14. start 3:50 p.m. finish 4:15 p.m.
15. start 11:55 a.m. finish 12:20 p.m.
16. start 12:20 p.m. finish 12:45 p.m.

Explore

Game	Start	Finish
1	14:00	14:25
2	14:35	15:00
3	15:10	15:35
4	15:45	16:10
5	16:20	16:45
6	16:55	17:20
7	17:30	17:55
8	18:05	18:30
9	18:40	19:05
10	19:15	19:40

Shape, Data and Measures
page 24
Time — M7
24-hour clock times
1. opens 1:05 p.m.   closes 10:55 p.m.   9 hours 50 minutes
2. opens 11:30 a.m. closes 6:50 p.m.   7 hours 20 minutes
3. opens 1:00 p.m.   closes 1:30 a.m.   12 hours 30 minutes
4. opens 9:30 a.m.   closes 5:15 p.m.   7 hours 45 minutes
5. opens 12:15 p.m. closes 7:30 p.m.   7 hours 15 minutes
6. opens 8:30 a.m.   closes 3:20 p.m.   6 hours 50 minutes
7. opens 6:45 a.m.   closes 2:25 p.m.   7 hours 40 minutes
8. opens 8:00 a.m.   closes 4:35 p.m.   8 hours 35 minutes
9. opens 12:00 p.m. (noon)   closes 11:45 p.m.   11 hours 45 minutes

- 1. 12:40, 23:05
- 2. 11:05, 19:00
- 3. 12:35, 1:40
- 4. 9:05, 17:25
- 5. 11:50, 19:40
- 6. 8:05, 15:10
- 7. 6:20, 14:35
- 8. 7:35, 16:45
- 9. 11:35, 23:55

10. 8:30 a.m. + 7 hours 10 minutes + 20 minutes = 4 p.m. Katy arrives at 4 p.m.
11. 19:35 + 3 hours = 22:35
    22:35 + 3 hours = 01:35
    01:35 + 3 hours = 04:35
    They get up at 22:35, 01:35, 04:35
12. 18:30 + 1 hour 45 minutes = 20:15
    20:15 + 1 hour = 21:15
    It is 21:15 in Holland when the plane arrives.

page 25
2-d shape — S1
Horizontal and vertical
1. 2 red horizontal lines, 2 blue vertical lines
2. 2 red horizontal lines, 2 yellow lines
3. 4 yellow lines
4. 4 yellow lines
5. 1 red horizontal line, 2 blue vertical lines, 2 yellow lines
6. 2 red horizontal lines, 2 yellow lines
7. 2 red horizontal lines, 2 blue vertical lines
8. 2 blue vertical lines, 4 yellow lines
9. 2 blue vertical lines, 2 red horizontal lines, 4 yellow lines
10. 2 blue vertical lines, 4 yellow lines
11. 1 red horizontal line, 4 yellow lines
12. 1 red horizontal line, 2 yellow lines

Shape, Data and Measures
page 25 cont . . .
2-d shape **S1**

- Shapes with parallel lines: 1, 2, 3, 5, 6, 7, 8, 9, 10,

Explore

2 × 3 grid	3 horizontal
	4 vertical
3 × 4 grid	4 horizontal
	5 vertical
5 × 4 grid	6 horizontal
	5 vertical
7 × 2 grid	8 horizontal
	3 vertical

The number of horizontal lines needed for any grid is one more than the number of rows, and the number of vertical lines needed is one more than the number of columns.

---

page 26
Parallel lines
2-d shape **S1**

1. yes	2. no	3. yes	4. yes	5. no
6. no	7. yes	8. yes	9. yes	10. yes
11. no	12. yes	13. yes	14. yes	

- 9. shows horizontal lines, 13. shows vertical lines, 7., 8., 12. and 14. show both vertical and horizontal lines.
  Parallel lines are indicated by arrows

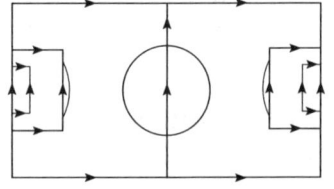

---

page 27
Parallel and perpendicular lines
2-d shape **S1**

1. yes	2. no	3. no	4. no
5. b, d	5a. c	6. e, g	6a. h
7. i	7a. l	8. a, c	8a. b
9. f, h	9a. e	10. none	10a. none

- Vertical sides: a, c, e, g, i   Horizontal sides: b, d, f, h, j, l

Shape, Data and Measures
page 27 cont...
2-d shape **S2**

Explore
Answers may vary slightly according to how the letters are written.
No parallel, no perpendicular: A, B, C, D, G, I, J, K, O, P, Q, R, S, U, V, W, Y
Parallel: N, M, Z
Perpendicular: L, T, X (possibly)
Parallel and perpendicular: E, F, H

---

page 28
2-d shape **S2**

Dimensions

1. 3	2. 2	3. 3	4. 2	5. 3
6. 3	7. 2	8. 2	9. 3	10. 3

◉ 1. 6 faces   3. 5 faces   5. 7 faces   6. 6 faces
    9. 3 faces   10. 2 faces

11. semicircle   12. trapezium   13. isosceles triangle
14. regular hexagon   15. circle   16. square or rhombus
17. irregular quadrilateral

---

page 29
2-d shape **S2**

Regular and irregular polygons

1. pentagon   2. rectangle   3. pentagon
4. semicircle   5. square   6. hexagon
7. equilateral triangle   8. circle   9. regular hexagon
10. isosceles triangle   11. hexagon   12. regular octagon
13. heptagon

14. irregular polygons: 1, 2, 6, 10, 11, 13
15. regular polygons: 3, 5, 7, 9, 12
16. not polygons: 4, 8

Explore
A regular pentagon has 5 diagonals.
A regular hexagon has 9 diagonals.
Most irregular pentagons have 5 diagonals, but some have as few as 2.
Some irregular hexagons have as few as 5 diagonals.

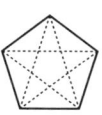

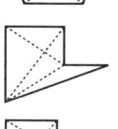

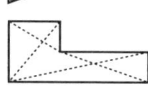

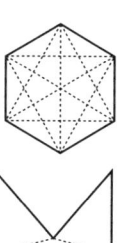

Shape, Data and Measures

page 30 — 2-d shape S2
Diagonals of a polygon

1. rectangle — 2 diagonals
2. pentagon — 5 diagonals
3. triangle — no diagonals
4. trapezium — 2 diagonals
5. octagon — 20 diagonals
6. hexagon — 9 diagonals
7. triangle — no diagonals
8. heptagon — 14 diagonals
9. square — 2 diagonals

Explore
3 × 3 geoboard: maximum 7 sides
4 × 4 geoboard: maximum 14 sides

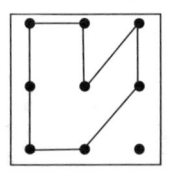

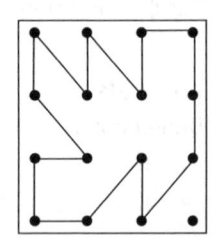

---

page 31 — 2-d shape S3
Isosceles, equilateral and scalene triangles

1. isosceles
2. isosceles
3. isosceles
4. equilateral
5. equilateral
6. isosceles
7. equilateral
8. isosceles
9. equilateral

isosceles	equilateral	scalene
A D F H	C G	B E I

---

page 32 — 2-d shape S3
Right-angled triangles

1. yes
2. no
3. yes
4. no
5. no
6. yes
7. yes
8. yes
9. no
10. no

11. 12. 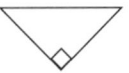 13. 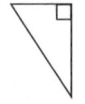 14. 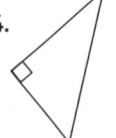 15. 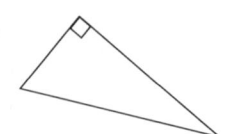 16.

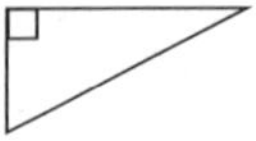

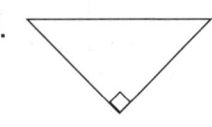

Shape, Data and Measures
page 32 cont . . .
2-d shape S3

17.   18. 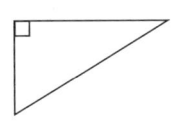   19.

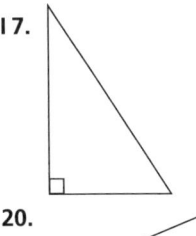

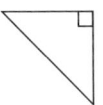

20.

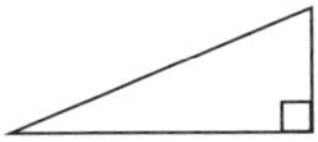

11a. scalene	12a. isosceles	13a. scalene	14a. scalene
15a. scalene	16a. isosceles	17a. scalene	18a. scalene
19a. isosceles	20a. scalene		

page 33
2-d shape S3

Triangles

1. right-angled isosceles
2. right-angled
3. scalene
4. isosceles
5. equilateral
6. right-angled isosceles
7. scalene
8. isosceles
9. scalene
10. right-angled
11. scalene
12. isosceles
13. right-angled isosceles

Explore

For two triangles, a systematic method is to place one triangle, then try the other in different positions around it. Three shapes are possible.

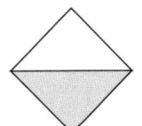

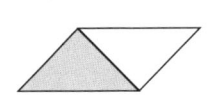

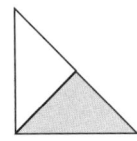

For three triangles, a systematic method is to start with each of the two-triangle shapes from above, then try the other triangle in different positions around them. Four shapes are possible.

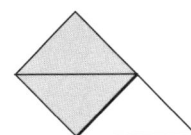

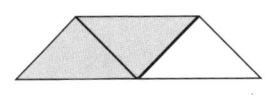

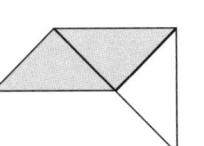

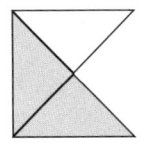

Shape, Data and Measures
page 33 cont...

Symmetry S3

For four triangles, proceed as above – placing the extra triangle in different positions around each of the three-triangle shapes. 13 shapes are possible.

Shape, Data and Measures
page 34
Reflective symmetry

Symmetry S4

1. 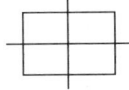
2. 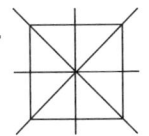
3. 
4. 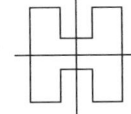
5. 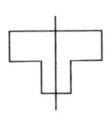
6. 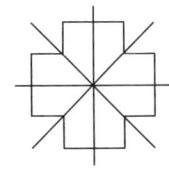
7. 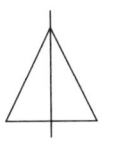
8. 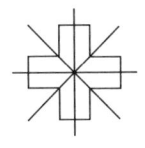
9. 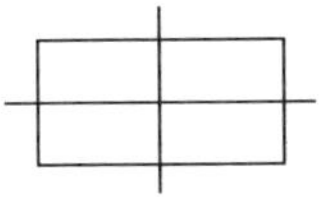
10. 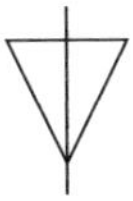
11.
12. 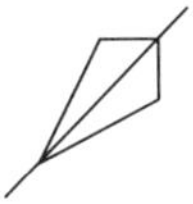
13. 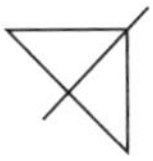
14.  none
15. 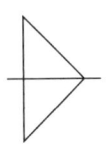
16. 
17. 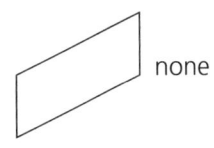 none
18. 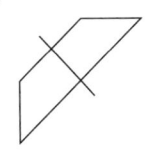
19. 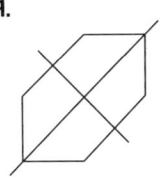
20.

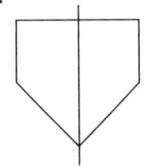

Shape, Data and Measures
page 35
Reflective symmetry

Symmetry **S4**

1. 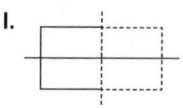
2. 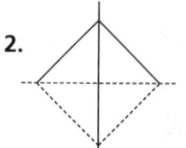
3. 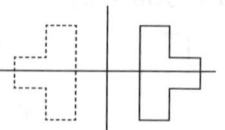
4. 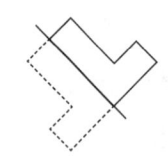
5. 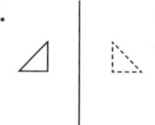
6. 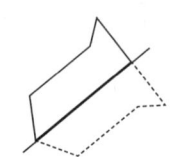
7. 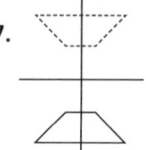
8. 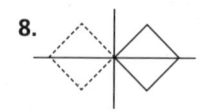
9. 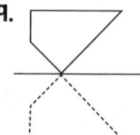
10. 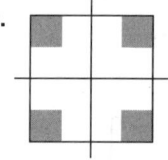
11. 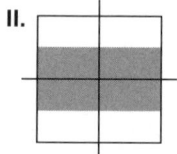
12. 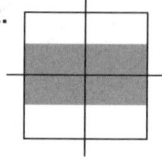
13. 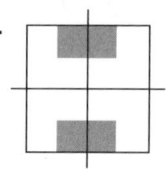
14. 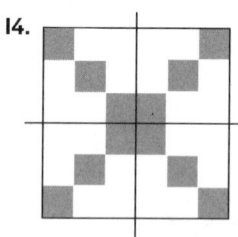
15. 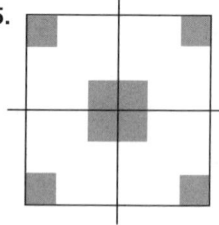
16.

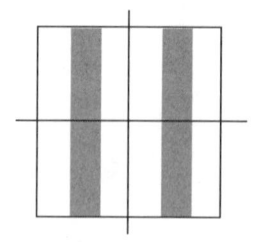

Shape, Data and Measures
page 36
Reflective symmetry
Symmetry S4

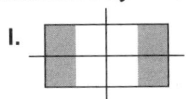

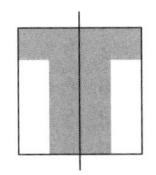

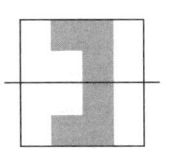

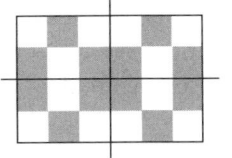

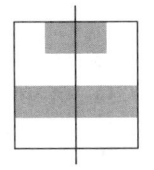

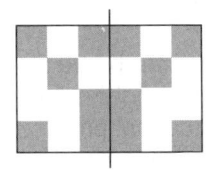

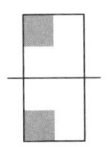

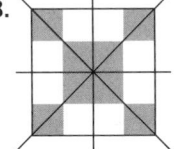

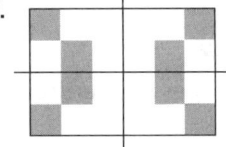

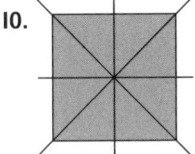

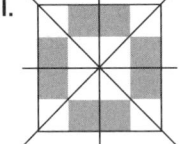

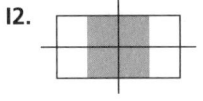

Explore
A systematic approach is to make all the possible arrangements using two tiles, and they mirror this with the remaining two tiles. There are 8 different ways to arrange the two tiles, leading to 8 different symmetrical patterns.

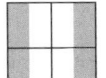

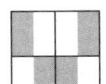

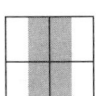

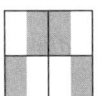

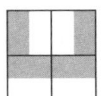

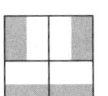

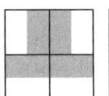

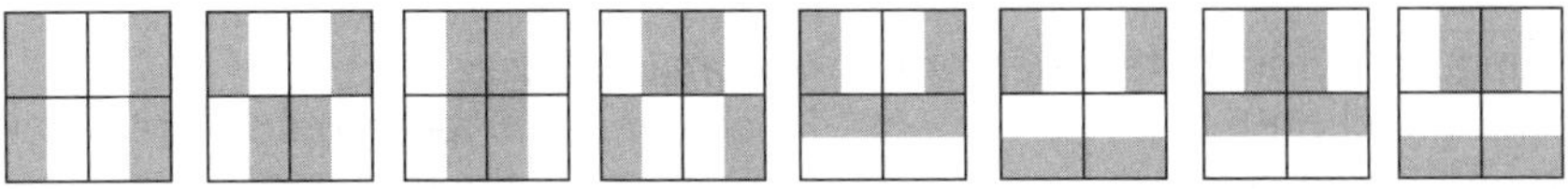

page 37
Three-dimensional shapes
3-d shape S5

1. pyramid
2. sphere
3. cuboid
4. cone
5. cylinder
6. cube
7. prism
8. pyramid
9. cone
10. cuboid
11. prism

Shape, Data and Measures
page 37 cont...   3-d shape   S5

1. 5 faces, 8 edges, 5 vertices
2. 1 face, 0 edges, 0 vertices
3. 6 faces, 12 edges, 8 vertices
4. 2 faces, 1 vertex, 1 edge
5. 3 faces, 2 edges
6. 6 faces, 12 edges, 8 vertices
7. 5 faces, 9 edges, 6 vertices
8. 5 faces, 8 edges, 5 vertices
9. 2 faces, 1 edge, 1 vertex
10. 6 faces, 12 edges, 8 vertices
11. 8 faces, 18 edges, 12 vertices

12. triangular-based pyramid
13. square-based pyramid
14. pentagonal-based pyramid
15. hexagonal-based pyramid
16. pentagonal prism
17. hexagonal prism
18. triangular prism
19. octagonal prism

page 38   3-d shape   S5
Faces, edges and vertices

1. cube
2. triangular pyramid (tetrahedron)
3. pentagonal prism
4. square-based pyramid
5. hexagonal prism
6. cuboid
7. cube
8. cuboid
9. triangular prism

1a. 6 faces, 12 edges, 8 vertices
2a. 4 faces, 6 edges, 4 vertices
3a. 7 faces, 15 edges, 10 vertices
4a. 5 faces, 8 edges, 5 vertices
5a. 8 faces, 18 edges, 12 vertices
6a. 6 faces, 12 edges, 8 vertices
7a. 6 faces, 12 edges, 8 vertices
8a. 6 faces, 12 edges, 8 vertices
9a. 5 faces, 9 edges, 6 vertices

1b. cube   6 square faces
2b. triangular pyramid (tetrahedron)   4 triangular faces
3b. pentagonal prism   2 pentagonal, 5 rectangular faces
4b. square-based pyramid   1 square, 4 triangular faces
5b. hexagonal prism   2 hexagonal, 6 rectangular faces
6b. cuboid   6 rectangular faces
7b. cube   6 square faces
8b. cuboid   6 rectangular faces
9b. triangular prism   2 triangular, 3 rectangular faces

Shape, Data and Measures
page 39
Polyhedra

3-d shape S5

1. yes
2. no
3. yes
4. yes
5. no
6. yes
7. yes
8. no
9. yes
10. yes

⊚ 4. (octahedron)
7. (cube)
9. (tetrahedron)

Explore
number of faces + number of vertices − number of edges = 2

page 40
Rotating shape

Rotation S6

A and H   B and L   C and N   D and J   E and K
F and M   G and I

Explore
Answers will vary.

page 41
Rotating shapes and patterns

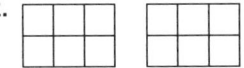

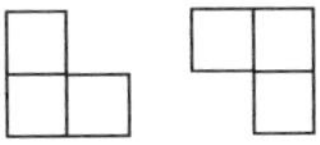

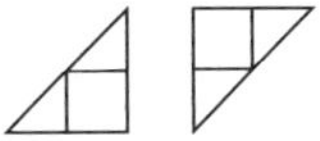

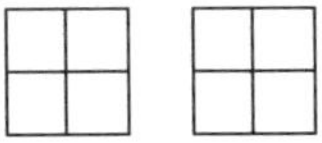

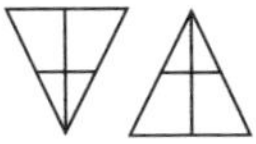

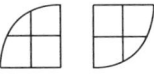

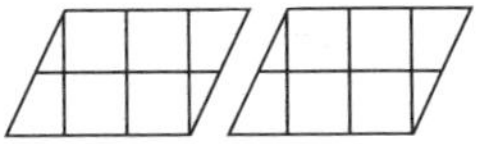

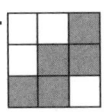

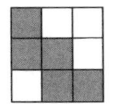

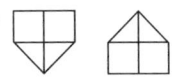

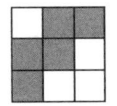

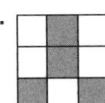

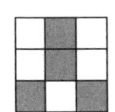

Rotation S6

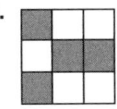

Shape, Data and Measures
page 41 cont...
Rotation **S6**

12a. 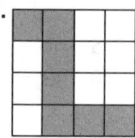 12b. 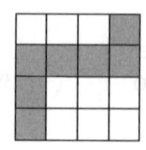 12c.

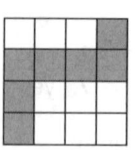

---

page 42
Rotating shapes
Rotation **S6**

1a.  1b.  1c.  1d.

@ 1a.  1b. 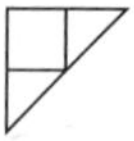 1c.  1d.

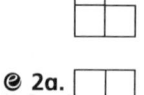

2a. 2b. 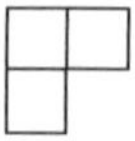 2c. 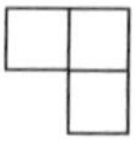 2d.

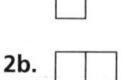

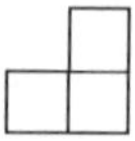

@ 2a. 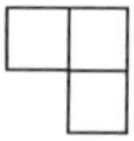 2b. 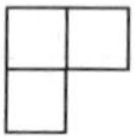 2c. 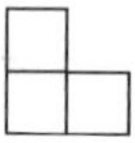 2d.

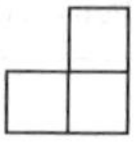

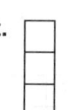

3a. 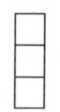 3b. 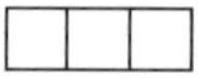 3c. 3d.

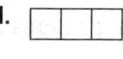

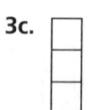

@ 3a. 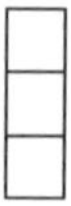 3b. 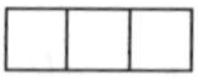 3c. 3d.

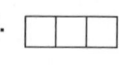

4a. 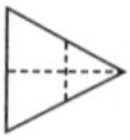 4b. 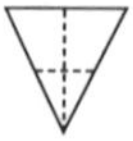 4c. 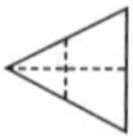 4d.

@ 4a. 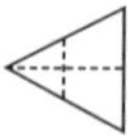 4b. 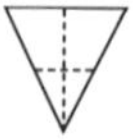 4c. 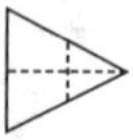 4d.

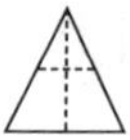

5a. 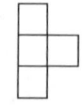 5b. 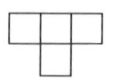 5c. 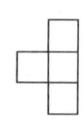 5d.

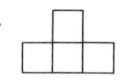

Shape, Data and Measures
page 42 cont...

Rotation **S6**

5a. 5b. 5c. 5d.

6a. 6b. 6c. 6d.

6a. 6b. 6c. 6d.

7a. 7b. 7c. 7d.

7a. 7b. 7c. 7d.

8a. 8b. 8c. 8d.

8a. 8b. 8c. 8d.

9a. 9b. 9c. 9d.

9a. 9b. 9c. 9d.

Explore
Answers will vary.

Shape, Data and Measures

page 43
Coordinates

Position and direction — S7

1. spider (2,3)
2. wasp (8,3)
3. cricket (8,6)
4. snail (9,9)
5. ant (4,7)
6. beetle (3,1)
7. bee
8. ladybird
9. dragonfly
10. butterfly
11. worm
12. caterpillar

page 44
Coordinates

Position and direction — S7

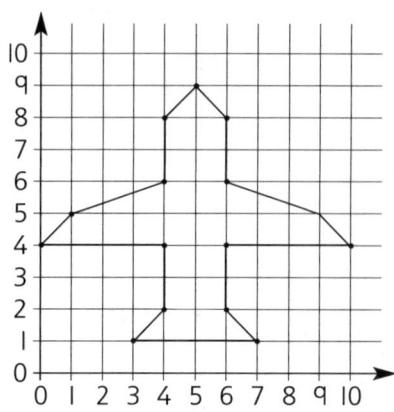

a (1,1) b (5,1) c (5,3) d (6,3) e (6,1) f (10,1)
g (10,7) h (9,7) i (9,6) j (8,6) k (8,7) l (7,7)
m (7,8) n (7,9) o (9,8) p (7,5) q (4,5) r (4,7)
s (3,7) t (3,6) u (2,6) v (2,7) w (1,7)

Explore
(0,10), (1,9), (2,8), (3,7), (4,6), (5,5), (6,4), (7,3), (8,2), (9,1), (10,0)

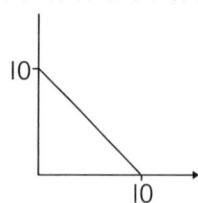

The points form a diagonal line from 10 on the vertical axis to 10 on the horizontal axis.

Shape, Data and Measures
page 44 cont...   Position and direction   S7

(0,7), (1,6), (2,5), (3,4), (4,3), (5,2), (6,1), (7,0)

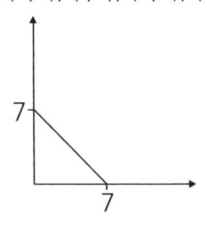

The points form a diagonal line from 7 on the vertical axis to 7 on the horizontal axis.

(0,11), (1,10), (2,9), (3,8), (4,7), (5,6), (6,5), (7,4), (8,3), (9,2), (10,1), (11,0)

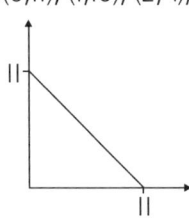

The points form a diagonal line from 11 on the vertical axis to 11 on the horizontal axis.

(0,14), (1,13), (2,12), (3,11), (4,10), (5,9), (6,8), (7,7), (8,6), (9,5), (10,4), (11,3), (12,2), (13,1), (14,0)

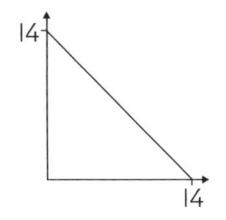

The points form a diagonal line from 14 on the vertical axis to 14 on the horizontal axis.

---

page 45   Position and direction   S7
Coordinates

1. (5,3)   2. (3,6)   3. (0,1)   4. (2,1)   5. (1,7)
6. (2,2)   7. (1,5)   8. (2,1)   9. (4,6)

- 1. left 5 down 3   2. left 3 down 6   3. down 1
- 4. left 2, down 1   5. left 1, down 7   6. left 2, down 2
- 7. left 1, down 4   8. left 2, down 1   9. left 4, down 6

Explore
Answers will vary.

Shape, Data and Measures

page 46
Degrees — Angle S8

1. 1 right angle
2. 2 right angles
3. 1 right angle
4. 3 right angles
5. 2 right angles
6. 4 right angles
7. 1 right angle
8. 3 right angles
9. 4 right angles

1a. 90° 2a. 180° 3a. 90° 4a. 270° 5a. 180°
6a. 360° 7a. 90° 8a. 270° 9a. 360°

1. anticlockwise
2. clockwise
3. clockwise
4. clockwise
5. clockwise
6. clockwise
7. clockwise
8. anticlockwise
9. anticlockwise

10. 2 right angles 180°
11. 3 right angles 270°
12. 1 right angle 90°
13. $\frac{1}{2}$ right angle 45°
14. 2 right angles 180°
15. $1\frac{1}{2}$ right angles 135°
16. 3 right angles 270°
17. $1\frac{1}{2}$ right angles 135°
18. 1 right angle 90°
19. $\frac{1}{2}$ right angle 45°
20. 1 right angle 90°
21. $1\frac{1}{2}$ right angles 135°

page 47
Degrees — Angle S8

1. $1\frac{1}{3}$ right angles 120°
2. 1 right angle 90°
3. 1 right angle 90°
4. 1 right angle 90°
5. 2 right angles 180°
6. 3 right angles 270°
7. $\frac{1}{3}$ right angle 30°
8. $1\frac{1}{3}$ right angles 120°
9. 3 right angles 270°
10. 2 right angles 180°
11. $\frac{2}{3}$ right angle 60°
12. $1\frac{2}{3}$ right angles 150°
13. $2\frac{2}{3}$ right angles 240°

14. 30° 15. 180° 16. 90° 17. 300° 18. 150°
19. 240° 20. 360° 21. 210° 22. 60°

Shape, Data and Measures
page 48
Degrees — Angle S8

1. a, g, h, j
2. b, d, e
3. f and l, b and d, g and j
4. b, c, d, e, i, k
5. 240°
6. 105°
7. 90°
8. 105°
9. 45°
10. 30°
11. 15°

⊘ 30°, 45°, 60°, 90°, 135°, 150°, 180°, 225°, 300°

page 49
Degrees — Angle S8

1. 90° − 40° = 50°
2. 90° − 20° = 70°
3. 90° − 60° = 30°
4. 90° − 17° = 73°
5. 90° − 64° = 26°
6. 90° − 11° = 79°
7. 90° − 58° = 32°

⊘ Answers will vary.
8. 180° − 130° = 50°
9. 180° − 140° = 40°
10. 180° − 160° = 20°
11. 180° − 45° = 135°
12. 180° − 119° = 61°
13. 180° − 72° = 108°
14. 180° − 58° = 122°

page 50
Measuring angles — Angle S9

1. 60°
2. 40°
3. 70°
4. 30°
5. 50°
6. 90°
7. 48°
8. 58°
9. 69°
10. 17°
11. 39°
12. 29°

page 51
Measuring angles — Angle S9

1. 38°
2. 90°
3. 129°
4. 10°
5. 80°
6. 25°
7. 75°
8. 110°
9. 120°

10.-17. Check angles are correctly drawn.

Shape, Data and Measures
page 52
Measuring angles

Angle **S9**

1. a = 90°   b = 70°   c = 20°
2. d = 30°   e = 50°   f = 100°
3. g = 70°   h = 70°   i = 40°

Explore
Angles in any triangle total 180°.

page 53
Types of angle

Angle **S10**

1. acute
2. obtuse
3. acute
4. right angle
5. right angle
6. reflex
7. obtuse
8. right angle
9. acute
10. obtuse
11. reflex
12. reflex
13. right angle

14. acute
15. right angle
16. acute
17. obtuse
18. acute
19. obtuse
20. reflex
21. obtuse
22. acute
23. reflex
24. acute

page 54
Types of angle

Angle **S10**

1. a, acute   b, obtuse   c, acute
2. d, right angle   e, reflex   f, acute
3. g, right angle   h, acute
4. i, acute   j, reflex
5. k, acute
6. l, acute   m, right angle
7. n, right angle
8. o, acute   p, reflex
9. q, obtuse
10. r, right angle   s, acute,
11. t, reflex   u, acute
12. v, acute   w, acute
13. x, obtuse   y, acute

Explore
Pupil's shapes will vary – only some examples are shown here. The most successful method of drawing shapes with large numbers of reflex angles is to concentrate on 'star' shapes, with very small acute angles separated by reflex angles.

It is impossible to draw a triangle with a reflex angle (as the internal angles of a triangle total 180°, and a reflex angle must be more than 180°).

Shape, Data and Measures
page 54 cont...
Angle S10

It is possible to draw:

a quadrilateral with 1 reflex angle

a pentagon with 2 reflex angles

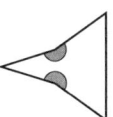

a hexagon with 3 reflex angles

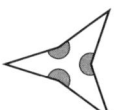

a heptagon with 4 reflex angles

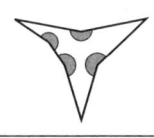

an octagon with 5 reflex angles

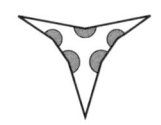

---

page 55
Angle S10
Types of angle
1. obtuse
2. acute
3. right angle
4. acute
5. acute
6. obtuse
7. obtuse
8. right angle
9. obtuse
10. acute
11. obtuse
12. reflex
13. obtuse

14. acute
15. right angle
16. right angle
17. acute
18. reflex
19. reflex
20. reflex
21. reflex
22. obtuse

---

page 56
Angle S10
Types of angle
1. obtuse
2. reflex
3. reflex
4. acute
5. obtuse (straight line)
6. obtuse
7. reflex
8. reflex
9. acute

◉ 1. 135° 2. 315° 3. 190° 4. 45° 5. 180° 6. 150° 7. 240°
8. 330° 9. 30°

Shape, Data and Measures

page 56 cont...
Angle S10

Explore
quadrilateral with 4 acute angles – impossible
quadrilateral with 2 reflex angles – impossible
quadrilateral with 2 obtuse angles – possible (e.g. a trapezium)

page 57
Bar-line graphs
Bar-line graphs D1

1. 5 teams	2. 7 teams	3. 2 teams	4. 9 teams
5. 4 teams	6. 3 teams	7. 0 teams	8. 4 goals
9. 3 goals	10. 0 goals	11. 1 goal	12. 2 goals
13. 5 goals	14. 6 goals	15. 5 teams	16. 16 teams
17. 13 teams	18. 16 teams	19. 10 teams	

page 58
Bar-line graphs
Bar-line graphs D1

Dates of 40 annuals

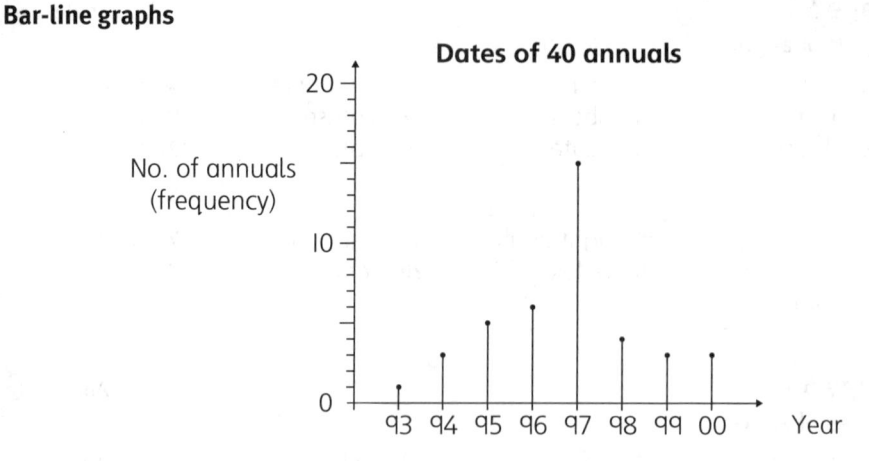

1. 6 annuals
2. 1 annual
3. 4 annuals
4. 3 annuals
5. 15 annuals
6. 3 annuals

1997 is the mode.

Explore
Answers will vary, though there will be approximately an equal number of each suit.

Shape, Data and Measures
page 59
Bar-line graphs

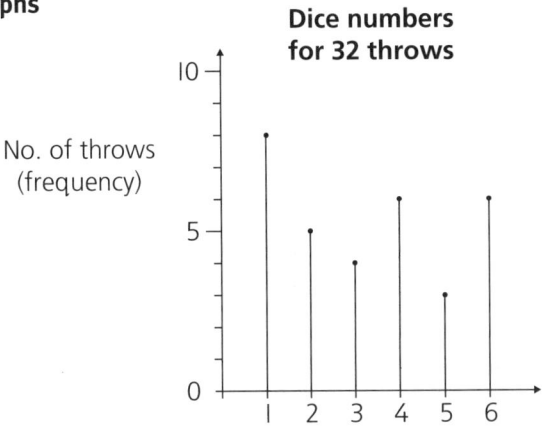

Bar-line graphs

Dice numbers for 32 throws

1. 6 throws
2. 8 throws
3. 4 throws
4. 6 throws
5. 5 throws
6. 3 throws
7. 15 throws
8. 23 throws
9. 15 throws
10. 17 throws

Dice number 1 is the mode.

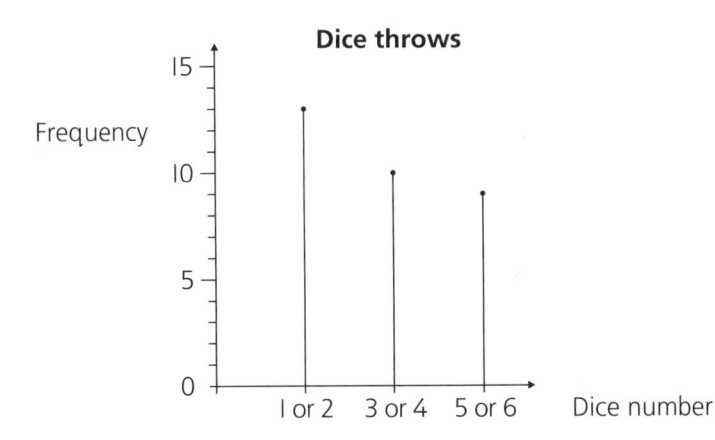

Dice throws

- Answers will vary.

Shape, Data and Measures

page 60
Line graphs

Line graphs D2

Note: Between the plotted points of the line graph there is no recorded information. However, general trends are implied by the overall form of the graph.

1. 15 °C
2. 21 °C
3. 20 °C
4. 17 °C
5. 15 °C
6. 19 °C
7. 16 °C
8. 17 °C
9. 18·5 °C

10. 9:00 and 16:00
11. 10:00 to 11:00 and 15:30
12. 12:00 and 13:30
13. 9:30 and 15:45
14. 11:40 and 14:00 to 15:00
15. 11:20 and 15:15
16. 13:00
17. 8:00

18. between 8:00 and 10:00, between 11:00 and 13:00
19. between 13:00 and 14:00, between 15:00 and 16:00
20. the temperature rises from 14 °C to 17 °C
21. the temperature rises from 20 °C to 21 °C then falls to 19 °C
22. the temperature falls from 21 °C to 15 °C
23. the temperature remains at 17 °C
24. the temperature rises from 17 °C to 21 °C

page 61
Line graphs

Line graphs D2

1. 11,000 people
2. 12,000 people
3. 8000 people
4. 13,000 people
5. 10,000 people
6. 9000 people
7. 11,000 people
8. 7000 people
9. 14,000 people

10. 7:00
11. 9:00
12. 11:00
13. 10:30
14. 7:30
15. 8:30

16. between 7:30 and 9:00, between 9:30 and 10:00
17. between 7:00 and 7:30, between 9:00 and 9:30, between 10:00 and 11:00
18. the number of viewers falls from 10 000 to 8000 then rises to 11 000
19. the number of viewers falls from 12 000 to 7000
20. the number of viewers rises from 11 000 to 14 000
21. the number of viewers falls from 14 000 to 11 000, then rises to 12 000
22. the number of viewers rises from 11 000 to 12 000 then falls to 9000

Shape, Data and Measures

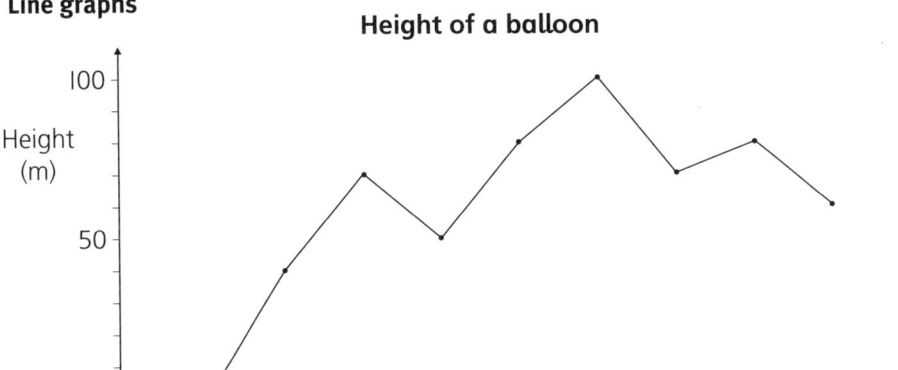

page 62
Line graphs

Line graphs — D2

Height of a balloon

1. 50 m
2. 70 m
3. 40 m
4. 65 m
5. 75 m
6. 13:00 and 16:00
7. 10:00
8. 17:00
9. 14:00
10. 9:00
11. between 9:00 and 11:00, between 12:00 and 14:00, between 15:00 and 16:00
12. between 11:00 and 12:00, between 14:00 and 15:00, between 16:00 and 17:00
13. the balloon rises from 0 m to 70 m
14. the balloon falls from 80 m to 60 m
15. the balloon rises from 50 m to 100 m
16. the balloon rises from 40 m to 70 m, then falls to 50 m
17. the balloon falls from 100 m to 70 m, then rises to 80 m

page 63
Likely and unlikely

Probability — D3

Answers will vary.

page 64
Likely and unlikely

Probability — D3

Answers will vary.

Photocopy Masters

page 1
6-digit numbers   Place-value N1

1. 800
2. 8000
3. 8
4. 80
5. 80,000
6. 800,000

7. 30,000
8. 3000
9. 30
10. 300
11. 300,000
12. 30

page 2
6-digit numbers   Place-value N1

1. 453,871
2. 275,264
3. 386,379
4. 949,536
5. 149,820
6. 457,023
7. 650,391
8. 852,106
9. 112,340
10. 503,071

page 3
5-digit numbers   Place-value N1

43,672   21,039   50,643   98,502   27,538   64,271

page 4
Nearest thousand   Place-value N2

Nearest thousand	④ ⑦ ⑨ ①	② ③ ⑤ ⑧	⑥ ① ③ ⑨
1000	1479, 1497	–	1369, 1396
2000	1749, 1794, 1947, 1974	2358, 2385	1639, 1693, 1936, 1963
3000	–	2538, 2583, 2835, 2853, 3258, 3285	3169, 3196
4000	4179, 4197	3528, 3582, 3825, 3852	3619, 3691, 3916, 3961
5000	4719, 4791, 4917, 4971	5238, 5283, 5328, 5382	–
6000	–	5823, 5832	6139, 6193, 6319, 6391
7000	7149, 7194, 7419, 7491	–	6913, 6931

Photocopy Masters
page 4 cont . . .
Place-value **N2**

Nearest thousand	④ ⑦ ⑨ ①	② ③ ⑤ ⑧	⑥ ① ③ ⑨
8000	7914, 7941	8235, 8253, 8325, 8352	–
9000	9147, 9174, 9147, 9471	8523, 8532	9136, 9163, 9316, 9361
10,000	9714, 9741	–	9613, 9631

page 5
Nearest hundred
Place-value **N2**

1. 2748 → 2700
2. 4728 → 4700
3. 7248 → 7200
4. 8274 → 8300
5. 8724 or 8742 → 8700
6. 2847 or 2784 → 2800
7. 8247 → 8200
8. 4782 or 4827 → 4800
9. 7824 or 7842 → 7800
10. 7284 → 7300
11. 2874 → 2900
12. 8427 → 8400
13. 4287 or 4278 or 4328 → 4300
14. 2487 or 2478 → 2500
15. 7482 → 7500
16. 4872 → 4900

page 6
Nearest million
Place-value **N2**

Answers will vary.

page 7
Dividing
Multiplication/division **N3**

1. $21 \div 7 = 3$
2. $70 \div 10 = 7$
3. $21 \div 3 = 7$
4. $18 \div 2 = 9$
5. $24 \div 4 = 6$
6. $42 \div 6 = 7$
7. $18 \div 6 = 3$
8. $35 \div 5 = 7$
9. $28 \div 4 = 7$
10. $16 \div 8 = 2$
11. $40 \div 8 = 5$
12. $27 \div 9 = 3$
13. $45 \div 5 = 9$
14. $35 \div 7 = 5$
15. $49 \div 7 = 7$
16. $30 \div 3 = 10$
17. $40 \div 4 = 10$
18. $63 \div 9 = 7$
19. $16 \div 2 = 8$
20. $36 \div 6 = 6$

Photocopy Masters

page 8
Multiplication practice

Multiplication/division N3

×3

3	18	9
21	6	24
12	27	15

×4

4	24	12
28	8	32
16	36	20

×5

5	30	15
35	10	40
20	45	25

×7

7	42	21
49	14	56
28	63	35

×8

8	48	24
56	16	64
32	72	40

×9

9	54	27
63	18	72
36	81	45

page 9
Problem page

Multiplication/division N3

1. $45 \div 5 = 9$ 9 teams can be made.
2. $8 \times 9 = 72$ 72 people can be seated.
3. $6 \times 8 = 48$ Andre has 48 balls.
   £3 ÷ 6 = 50p   Balls cost 50p each.
   £3 × 8 = £24   £30 − £24 = £6   Andre gets £6 change.
4. $7 \times 6 = 42$ The children have 42 days holiday.
5. $8 \times 7 = 56$ Amanda sleeps for 56 hours.
   $(7 \times 5) + (9 \times 2) = 35 + 18 = 53$ Michael sleeps for 53 hours.
6. $54 \div 6 = 9$ Sol can buy 9 stickers.
   9p × 8 = 72p   72p − 54p = 18p   He would need 18p more.
7. $7 \times 6 = 42$ $5 \times 8 = 40$
   Kazuo has 2 more postcards than his sister.
8. The mystery number is 4. $(4 \times 8 = 32)$

Photocopy Masters

page 11
Dividing　　　　　　　　　　　　　　　　　Multiplication/division **N4**

1. $23 \div 2 = 11\frac{1}{2}$
2. $23 \div 3 = 7\frac{2}{3}$
3. $23 \div 4 = 5\frac{3}{4}$
4. $23 \div 5 = 4\frac{3}{5}$
5. $23 \div 6 = 3\frac{5}{6}$
6. $23 \div 7 = 3\frac{2}{7}$
7. $23 \div 8 = 2\frac{7}{8}$
8. $23 \div 9 = 2\frac{5}{9}$
9. $23 \div 10 = 2\frac{3}{10}$

10. – 18. Answers will vary.

page 12
Dividing by 10　　　　　　　　　　　　　　Multiplication/division **N4**

1. $70 \div 10 = 7.0$
2. $140 \div 10 = 14.0$
3. $53 \div 10 = 5.3$
4. $46 \div 10 = 4.6$
5. $\frac{48}{10} = 4.8$
6. $\frac{79}{10} = 7.9$
7. $580 \div 10 = 58.0$
8. $800 \div 10 = 80.0$
9. $476 \div 10 = 47.6$
10. $8 \div 10 = 0.8$
11. $57 \div 10 = 5.7$
12. $91 \div 10 = 9.1$
13. $540 \div 10 = 54.0$
14. $780 \div 10 = 78.0$
15. $639 \div 10 = 63.9$
16. $125 \div 10 = 12.5$
17. $\frac{78}{10} = 7.8$
18. $\frac{576}{10} = 57.6$
19. $4 \div 10 = 0.4$
20. $9 \div 10 = 0.9$

page 13
Halving　　　　　　　　　　　　　　　　　Multiplication/division **N5**

81	48	42
61	88	77
29	92	56

230	710	270
860	490	820
940	360	520

350	1300	2400
2300	2900	700
1500	1800	3900

page 14
Two doubles　　　　　　　　　　　　　　Multiplication/division **N5**

1. 146, 127 → 546
2. 127, 312 → 878
3. 127, 276 → 806
4. 178, 312 → 980
5. 178, 235 → 826
6. 146, 235 → 762
7. 178, 97 → 550
8. 312, 256 → 1136

Photocopy Masters
page 15
Calculations Multiplication/division **N6**

1. 15 = 105 ÷ 7
2. 11 = 187 ÷ 17
3. 432 = 24 × 18
4. 12 = 180 ÷ 15
5. 21 = 882 ÷ 42
6. 20 = 260 ÷ 13
7. 180 = 12 × 15
8. 32 = 832 ÷ 26
9. 114 = 19 × 6
10. 7 = 105 ÷ 15
11. 24 = 432 ÷ 18
12. 6 = 114 ÷ 19
13. 42 = 882 ÷ 21
14. 260 = 13 × 20
15. 26 = 832 ÷ 32
16. 17 = 187 ÷ 11

---

page 16
Mixed numbers Fractions/decimals **N7**

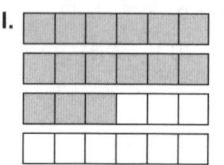

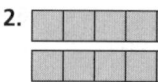

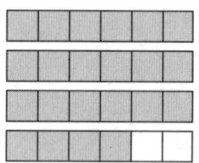

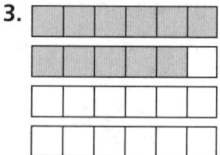

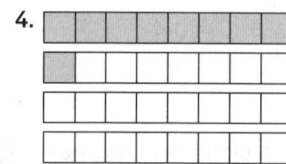

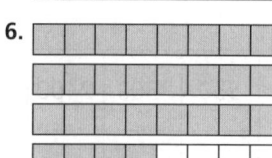

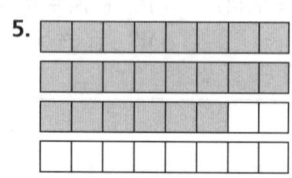

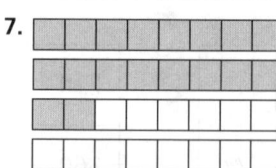

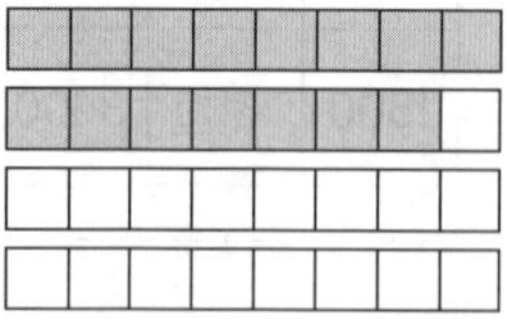

Photocopy Masters

page 17
Fractions/decimals N7

Fractions

1. $3\frac{4}{5} = \frac{19}{5}$
2. $1\frac{2}{3} = \frac{5}{3}$
3. $4\frac{5}{8} = \frac{37}{8}$
4. $3\frac{1}{2} = \frac{7}{2}$
5. $5\frac{3}{4} = \frac{23}{4}$
6. $2\frac{2}{7} = \frac{16}{7}$
7. $6\frac{1}{3} = \frac{19}{3}$
8. $9\frac{5}{6} = \frac{59}{6}$
9. $7\frac{4}{5} = \frac{39}{5}$
10. $11\frac{1}{2} = \frac{23}{2}$
11. $4\frac{3}{10} = \frac{43}{10}$
12. $10\frac{2}{3} = \frac{32}{3}$
13. $3\frac{3}{4} = \frac{15}{4}$
14. $8\frac{7}{10} = \frac{87}{10}$
15. $4\frac{2}{5} = \frac{22}{5}$
16. $19\frac{1}{4} = \frac{77}{4}$

page 18
Fractions/decimals N8

Equivalent fractions

1. $\frac{1}{3} = \frac{2}{6}$
2. $\frac{1}{2} = \frac{4}{8}$
3. $\frac{2}{3} = \frac{6}{9}$
4. $\frac{1}{4} = \frac{2}{8}$
5. $\frac{2}{5} = \frac{4}{10}$
6. $\frac{1}{3} = \frac{4}{12}$
7. $\frac{3}{4} = \frac{9}{12}$
8. $\frac{1}{2} = \frac{3}{6}$

page 19
Fractions/decimals N8

Equivalent fractions

1. $\frac{1}{2} = \frac{2}{4}$
2. $\frac{1}{3} = \frac{2}{6}$
3. $\frac{3}{9} = \frac{1}{3}$
4. $\frac{6}{8} = \frac{3}{4}$
5. $\frac{4}{8} = \frac{1}{2}$
6. $\frac{1}{5} = \frac{3}{15}$
7. $\frac{2}{3} = \frac{4}{6}$
8. $\frac{3}{5} = \frac{6}{10}$
9. $\frac{5}{6} = \frac{10}{12}$
10. $\frac{9}{12} = \frac{3}{4}$
11. $\frac{1}{7} = \frac{2}{14}$
12. $\frac{3}{8} = \frac{6}{16}$
13. $\frac{2}{10} = \frac{1}{5}$
14. $\frac{4}{5} = \frac{16}{20}$
15. $\frac{1}{2} = \frac{12}{24}$
16. $\frac{2}{3} = \frac{6}{9}$

page 20
Fractions/decimals N8

Problem page

1. $144 \div 2 = 72$ $72 \div 2 = 36$ Mystery number is 36.
2. $53 \div 8 = 6$ r 5 Each child will get 6 chocolates. There will be 5 left over.
3. $60 - 24 = 36$ $36 = 6 \times 6$ Mystery number is 6.
4. $43 \div 4 = 10$ r 3 They get 10 marbles each. There are 3 left over.
5. $40 + 16 = 56$ $7 \times 8 = 56$ Mystery number is 56.
6. $(8 \times 5) + (9 \times 7) = 40 + 63 = 103$ He bakes 103 cakes.
   $20 \times 5 = 100$ $103 - 100 = 3$. There are 3 cakes left over.
7. $48 \div 8 = 6$ $8 - 4 = 4$ Mystery number is 48.
8. $51 \div 7 = 7$ r 2 Mystery number is 51.

Photocopy Masters

page 21
Halves and quarters Fractions/decimals **N9**

1. $\frac{1}{2}$ of 8 = 4
2. $\frac{1}{4}$ of 12 = 3
3. $\frac{1}{4}$ of 20 = 5
4. $\frac{1}{2}$ of 12 = 6
5. $\frac{1}{2}$ of 6 = 3
6. $\frac{1}{4}$ of 8 = 2
7. $\frac{1}{4}$ of 16 = 4
8. $\frac{1}{2}$ of 10 = 5

page 22
Fractions of amounts Fractions/decimals **N9**

1. $\frac{1}{2}$ of 16 = 8
2. $\frac{1}{4}$ of 20 = 5
3. $\frac{1}{3}$ of 15 = 5
4. $\frac{3}{4}$ of 24 = 18
5. $\frac{2}{3}$ of 9 = 6
6. $\frac{1}{5}$ of 10 = 2
7. $\frac{2}{7}$ of 14 = 4
8. $\frac{3}{8}$ of 24 = 9
9. $\frac{2}{5}$ of 15 = 6
10. $\frac{3}{10}$ of 20 = 6
11. $\frac{1}{8}$ of 8 = 1
12. $\frac{3}{7}$ of 21 = 9
13. $\frac{4}{10}$ of 30 = 12
14. $\frac{3}{5}$ of 20 = 12
15. $\frac{7}{10}$ of 50 = 35
16. $\frac{5}{8}$ of 8 = 5
17. $\frac{4}{5}$ of 25 = 20
18. $\frac{5}{6}$ of 12 = 10
19. $\frac{4}{7}$ of 28 = 16
20. $\frac{7}{8}$ of 16 = 14

page 23
Adding to the next 10 and 100 Addition/subtraction **N10**

1. 36 + 4 = 40
2. 37 + 3 = 40
3. 63 + 7 = 70
4. 67 + 3 = 70
5. 73 + 7 = 80
6. 76 + 4 = 80
7. 578 + 2 = 580, 578 + 22 = 600
8. 587 + 3 = 590, 587 + 13 = 600
9. 758 + 2 = 760, 758 + 42 = 800
10. 785 + 5 = 790, 785 + 15 = 800
11. 857 + 3 = 860, 857 + 43 = 900
12. 875 + 5 = 880, 875 + 25 = 900

page 24
Adding to 100 Addition/subtraction **N10**

1. 35, 65
2. 65, 35
3. 75, 25
4. 55, 45
5. 85, 15
6. 25, 75
7. 95, 5
8. 85, 15
9. 31, 69
10. 58, 42
11. 53, 47
12. 7, 93
13. 4, 96
14. 14, 86
15. 13, 87
16. 38, 62
17. 23, 77
18. 19, 81
19. 48, 52
20. 34, 66
21. 96, 4
22. 77, 23
23. 55, 45
24. 18, 82

Photocopy Masters

page 25
The next thousand   Addition/subtraction **N10**

1. 3000 + 1000 = 4000
2. 5500 + 500 = 6000
3. 6300 + 700 = 7000
4. 400 + 600 = 1000
5. 1200 + 800 = 2000
6. 2100 + 900 = 3000
7. 1550 + 450 = 2000
8. 7250 + 750 = 8000
9. 750 + 250 = 1000
10. 3450 + 550 = 4000
11. 5350 + 650 = 6000
12. 2250 + 750 = 3000
13. 4750 + 250 = 5000
14. 7050 + 950 = 8000
15. 6450 + 550 = 7000
16. 4950 + 50 = 5000
17. 8850 + 150 = 9000
18. 9650 + 350 = 10,000
19. 8150 + 850 = 9000
20. 3850 + 150 = 4000

page 26
Adding   Addition/subtraction **N11**

80	70	20	170
60	50	40	150
10	30	90	130
150	150	150	

60	90	20	170
50	40	90	180
90	30	10	130
200	160	120	

40	60	10	90	200
30	90	20	70	210
70	30	50	50	200
90	40	90	30	250
230	220	170	240	

page 27
Totals   Addition/subtraction **N11**

1. 71
2. 105
3. 117
4. 121
5. 107
6. 79
7. 100
8. 188
9. 169
10. 144
11. 256
12. 211

Photocopy Masters

page 28 — Addition/subtraction — N12
Adding 4-digit numbers
Estimates will vary.
1. 2716 + 4230 = 6946
2. 3585 + 5657 = 9242
3. 2441 + 4893 = 7334
4. 6336 + 2976 = 9312
5. 4224 + 3719 = 7943
6. 3108 + 3095 = 6203
7. 2455 + 5585 = 8040
8. 4664 + 1343 = 6007
9. 1727 + 7732 = 9459
10. 3841 + 5724 = 9565
11. 2911 + 7548 = 10,459
12. 6039 + 5406 = 11,445

page 29 — Addition/subtraction — N12
Adding 4-digit numbers
1. 2976 + 1795 = 4771
2. 2145 + 3854 = 5999
3. 4134 + 1795 = 5929
4. 4134 + 3256 = 7390
5. 3256 + 2145 = 5401
6. 3256 + 3854 = 7110
7. 2976 + 3854 = 6830
8. 4134 + 2976 = 7110
9. 4134 + 3854 = 7988

page 31 — Properties of number — N13
Sequences
1. 100 125 150 175 200
2. 200 250 300 350 400 450
3. 725 750 775 800 825 850
4. 775 750 725 700 675 650
5. 250 200 150 100 50 0
6. 96 121 146 171 196 221
7. 101 122 143 164 185 206
8. 101 80 59 38 17 ⁻4

page 32 — Properties of number — N13
Position
1. 21 56
2. 51 102
3. 50 175
4. 64 144
5. 21 147
6. 100 350
7. 128 224
8. 36 72

Photocopy Masters

page 33
Multiples

Properties of number N14

1	2	3	4	5	6	7	8	9	10
11	12	13	14	15	16	17	18	19	20
21	22	23	24	25	26	27	28	29	30
31	32	33	34	35	36	37	38	39	40
41	42	43	44	45	46	47	48	49	50
51	52	53	54	55	56	57	58	59	60
61	62	63	64	65	66	67	68	69	70
71	72	73	74	75	76	77	78	79	80
81	82	83	84	85	86	87	88	89	90
91	92	93	94	95	96	97	98	99	100

▪ multiples of 3   ▪ multiples of 4   ▪ multiples of 3 and 4

Numbers coloured twice: 12, 24, 36, 48, 60, 72, 84, 96

page 34
Mystery numbers

Properties of number N14

1. 12
2. 35
3. 9
4. 24
5. 60
6. 30
7. 45
8. 63
9. 36
10. 12
11. 60
12. 48

page 35
Multiplying by 100

Place-value N15

1. 2100 cm
2. 3200 cm
3. 1100 cm
4. 4000 cm
5. 3800 cm
6. 5600 cm
7. 900 cm
8. 7400 cm
9. 2200 cm

Photocopy Masters

page 36
Multiplying by 10 and 100
Place-value **N15**

1. 75 × 10 = 750
2. 4·2 × 100 = 420
3. 32 × 100 = 3200
4. 560 × 10 = 5600
5. 8300 ÷ 10 = 830
6. 4900 ÷ 100 = 49
7. 2700 ÷ 100 = 27
8. 350 ÷ 10 = 35
9. 35 × 100 = 3500
10. 35 ÷ 100 = 0·35
11. 1·7 × 10 = 17
12. 1·7 ÷ 10 = 0·17
13. 91 ÷ 100 = 0·91
14. 0·6 × 10 = 6
15. 8 ÷ 10 = 0·8
16. 0·15 × 100 = 15
17. 2·7 × 10 = 27
18. 3·5 × 100 = 350

page 37
Problem page
Place-value **N15**

1. 48 − 2 = 46   10 × 46 = 460
   Caroline can put 460 more photos in the album.
2. Mystery number is 36.
3. 4 × 3 = 12   10 × 12 = 120 $\frac{1}{2}$ × 12 = 6   120 + 6 = 126
   There are 126 bottles to deliver.
4. Common multiple is 60.
5. 14p × 200 = 2800p = £28   £10 × 2 = £20   £28 − 20 = £8
   The gallery will save £8.
6. Mystery numbers are 2 and 14. Other common multiple is 42.
7. £7.20 = 720p, 720 ÷ 10 = 72 coins   £11.60 = 1160p, 1160 ÷ 20 = 58 coins.
   Niamh paid in most coins. She had 14 more coins.
8. Mystery number is 48.

page 38
Multiplying by doubling and halving
Multiplication/division **N16**

1. 4 × 35 = 2 × 70 = 140
2. 4 × 27 = 2 × 54 = 108
3. 4 × £3·50 = 2 × £7 = £14
4. 8 × 23 = 4 × 46 = 2 × 92 = 184
5. 8 × 36 = 4 × 72 = 2 × 144 = 288
6. 8 × £5·25 = 4 × £10·50 = 2 × £21 = £42
7. 16 × 17 = 8 × 34 = 4 × 68 = 2 × 136 = 272
8. 16 × 43 = 8 × 86 = 4 × 172 = 2 × 344 = 688
9. 16 × £4·20 = 8 × £8·40 = 4 × £16·80 = 2 × £33·60 = £67·20

Photocopy Masters

page 39 — Multiplying by doubling
Multiplication/division **N16**

1. 14 × 52 = 728
2. 30 × 38 = 1140
3. 14 × 36 = 504
4. 7 × 26 = 182
5. 36 × 48 = 1728
6. 270 × 28 = 7560
7. 15 × 19 = 285
8. 135 × 14 = 1890
9. 28 × 72 = 2016
10. 32 × 36 = 1152
11. 16 × 18 = 288
12. 36 × 12 = 432
13. 52 × 34 = 1768
14. 28 × 70 = 1960
15. 14 × 35 = 490
16. 26 × 17 = 442

---

page 42 — Multiplying
Multiplication/division **N18**

Answers will vary.

---

page 43 — Multiplying
Multiplication/division **N19**

Answers will vary.

---

page 45 — Halves and quarters
Multiplication/division **N20**

1. $\frac{1}{2}$ of £44 = £22 → $\frac{1}{4}$ of £44 = £11
2. $\frac{1}{2}$ of £56 = £28 → $\frac{1}{4}$ of £56 = £14
3. $\frac{1}{2}$ of £72 = £36 → $\frac{1}{4}$ of £72 = £18
4. $\frac{1}{2}$ of £36 = £18 → $\frac{1}{4}$ of £36 = £9
5. $\frac{1}{2}$ of £124 = £62 → $\frac{1}{4}$ of £124 = £31
6. $\frac{1}{2}$ of £136 = £68 → $\frac{1}{4}$ of £136 = £34
7. $\frac{1}{2}$ of £108 = £54 → $\frac{1}{4}$ of £108 = £27
8. $\frac{1}{2}$ of £84 = £42 → $\frac{1}{4}$ of £84 = £21
9. $\frac{1}{2}$ of £96 = £48 → $\frac{1}{4}$ of £96 = £24
10. $\frac{1}{2}$ of £288 = £144 → $\frac{1}{4}$ of £288 = £72

Photocopy Masters

page 47
Hundredths

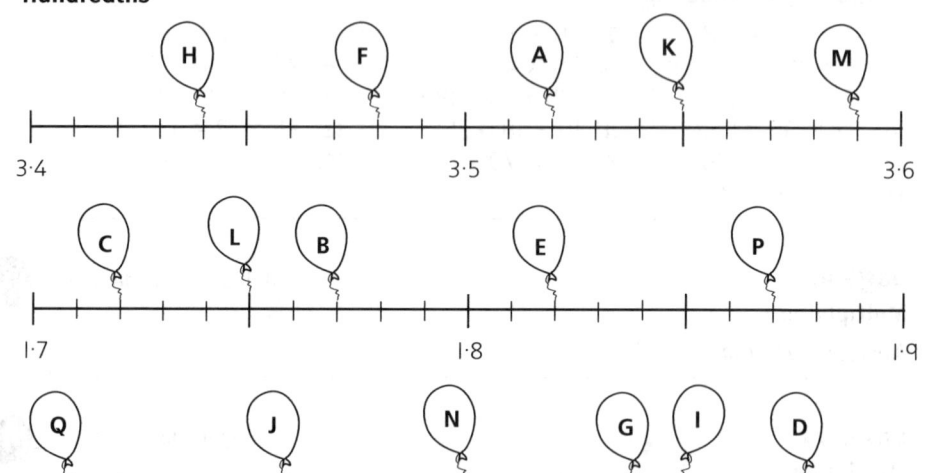

Fractions/decimals **N21**

3·4   3·5   3·6

1·7   1·8   1·9

2.2   2.3   2.4

page 48
Ordering decimals

Fractions/decimals **N21**

1. $1·25 < 1·35$
2. $1·41 > 1·37$
3. $1·46 < 1·57$
4. $1·2 < 1·4$
5. $1·5 > 1·3$
6. $1·3 < 1·42$
7. $1·3 > 1·24$
8. $1·59 > 1·5$
9. $1·25 < 1·3$
10. $1·3 > 1·29$
11. $1·4 < 1·61$
12. $1·41 > 1·3$
13. $1·21 < 1·5$
14. $1·54 > 1·35$
15. $1\frac{31}{100} > 1\frac{3}{10}$
16. $1·5 > 1\frac{47}{100}$
17. $1·32 < 1\frac{4}{10}$
18. $1\frac{41}{100} < 1·45$
19. $1·5 > 1\frac{33}{100}$
20. $1\frac{3}{10} > 1\frac{29}{100}$

page 49
Ordering decimals

Fractions/decimals **N22**

1. $1·3 > 2\frac{4}{10}$
2. $2·7 > 1\frac{6}{10}$
3. $3·4 < 4·7$
4. $1\frac{5}{10} < 2\frac{7}{10}$
5. $5\frac{8}{10} > 3·5$
6. $4\frac{1}{10} > 1·4$
7. $5\frac{7}{10} < 7·5$
8. $2·3 = 2\frac{3}{10}$
9. $1·5 > 1\frac{1}{10}$
10. $2·6 > 2\frac{3}{10}$
11. $3\frac{4}{10} > 3\frac{37}{100}$
12. $5·41 > 5\frac{36}{100}$
13. $2\frac{6}{10} > 2·45$
14. $\frac{4}{100} > 0·03$
15. $0·5 = \frac{50}{100}$
16. $0·60 = \frac{6}{10}$
17. $3\frac{2}{10} > 0·3$
18. $5·45 < 5\frac{5}{10}$

Photocopy Masters

page 50
Matching fractions and decimals Fractions/decimals **N22**

1. $\frac{1}{2} = 0.5$
2. $\frac{7}{10} = 0.7$
3. $\frac{1}{4} = 0.25$
4. $\frac{8}{4} = 2.0$ or $\frac{8}{2} = 4.0$
5. $\frac{3}{2} = 1.5$
6. $\frac{3}{4} = 0.75$
7. $\frac{7}{5} = 1.4$
8. $\frac{3}{6} = 0.5$
9. $\frac{4}{8} = 0.5$
10. $\frac{4}{5} = 0.8$ or $\frac{4}{8} = 0.5$
11. $\frac{9}{3} = 3.0$
12. $\frac{8}{5} = 1.6$

page 51
Problem page Fractions/decimals **N22**

1. 16 × 35 = 560   1000 − 560 = 440   There are 440 magazines left.
2. 4 × 7 = 28   25p × 28 = 700p = £7   It costs £7.
3. £4·50 × 52 = (£4·50 × 50) + (£4·50 × 2) = £225 + £9 = £234
   Andrea earns £234.
4. (4 × 4) + (3 × 2) = 16 + 6 = 22
   £1·50 × 22 = (£1·50 × 20) + (£1·50 × 2) = £30 + £3 = £33   Ali earned £33.
5. £3·65 × 3 = £10·95   £12·48 + £10·95 = £23·43   Jon has £23·43.
   £30 − £23·43 = £6·57   Jon needs £6·57 to have £30.
6. $\frac{1}{4}$ of £36 = £9, $\frac{1}{3}$ of £36 = £12   £36 − £9 − £12 = £15
   Sonia has £15 left in the bank.
7. $\frac{3}{8} + \frac{1}{4} + \frac{1}{4} = \frac{3}{8} + \frac{2}{8} + \frac{2}{8} = \frac{7}{8}$ There is $\frac{1}{8}$ of the pizza left.
8. $\frac{1}{2}$ of £4·50 = £2·25   £4·50 × 2 = £9   £2·25 × 3 = £6·75
   £20 − £9 − £6·75 = £4·25 change   There will be £4·25 change.

page 52
Adding and subtracting Addition/subtraction **N23**

1. 69 + 30 = 99
2. 89 − 50 = 39
3. 326 + 40 = 366
4. 375 − 60 = 315
5. 329 − 50 = 279
6. 268 + 70 = 338
7. 532 + 200 = 732
8. 465 − 300 = 165
9. 751 − 600 = 151
10. 632 + 800 = 1432
11. 527 + 30 = 557
12. 756 − 40 = 716
13. 287 − 90 = 197
14. 385 + 90 = 475
15. 1540 − 700 = 840
16. 380 + 1200 = 1580

Photocopy Masters

page 53
Adding and subtracting   Addition/subtraction N23

1. 450 + 70 = 520
2. 630 – 80 = 550
3. 160 + 80 = 240
4. 520 – 60 = 460
5. 320 + 70 = 390
6. 780 – 50 = 730
7. 430 + 300 = 730
8. 590 – 200 = 390
9. 680 + 700 = 1380
10. 1420 – 800 = 620
11. 490 + 900 = 1390
12. 1050 – 700 = 350
13. 90 + 70 = 160
14. 230 – 80 = 150
15. 380 + 110 = 490
16. 560 – 250 = 310

page 54
Adding and subtracting   Addition/subtraction N24

1. 142 + 99 = 241
2. 365 – 98 = 267
3. 274 + 198 = 472
4. 520 – 102 = 418
5. 352 + 203 = 555
6. 486 – 199 = 287
7. 471 + 397 = 868
8. 370 – 201 = 169
9. 643 – 198 = 445
10. 432 + 296 = 728
11. 785 – 399 = 386
12. 514 + 499 = 1013
13. 957 – 296 = 661
14. 648 + 197 = 845
15. 560 + 90 = 650
16. 750 + 90 = 840
17. 732 + 104 = 836
18. 260 – 101 = 159
19. 854 – 603 = 251
20. 472 + 999 = 1471

page 55
Differences   Addition/subtraction N25

1. 423 – 376 = 47
2. 720 – 686 = 34
3. 241 – 175 = 66
4. 937 – 861 = 76
5. 321 – 286 = 35
6. 1020 – 977 = 43

page 56
Subtracting   Addition/subtraction N25

1. 781 – 698 = 83
2. 965 – 597 = 368
3. 932 – 495 = 437
4. 873 – 299 = 574
5. 2004 – 1997 = 7
6. 4002 – 2995 = 1007
7. 6005 – 3996 = 2009
8. 7010 – 4999 = 2011
9. 8015 – 1999 = 6016
10. 9024 – 2997 = 6027
11. 1020 – 899 = 121
12. 1430 – 799 = 631
13. 2084 – 1995 = 89
14. 9641 – 3995 = 5646
15. 6026 – 3980 = 2046
16. 5840 – 2970 = 2870
17. 7152 – 4960 = 2192
18. 7532 – 5990 = 1542

Photocopy Masters

page 57
Subtracting

Addition/subtraction N26

Estimates will vary.
1. 5732 − 464 = 5268
2. 6456 − 542 = 5914
3. 7832 − 179 = 7653
4. 4851 − 742 = 4109
5. 8369 − 186 = 8183
6. 6275 − 932 = 5343
7. 3034 − 475 = 2559
8. 7517 − 625 = 6892
9. 5788 − 836 = 4952
10. 9826 − 549 = 9277
11. 4636 − 723 = 3913
12. 9492 − 608 = 8884

page 58
Subtracting

Addition/subtraction N26

Estimates and answers will vary.

page 59
Subtracting

Addition/subtraction N27

826 − 399 = 427   538 − 215 = 323   786 − 75 = 711
826 − 785 = 41   538 − 298 = 240   786 − 198 = 588
826 − 198 = 628   538 − 36 = 502   786 − 316 = 470
826 − 16 = 810   538 − 132 = 406   786 − 599 = 187
826 − 676 = 150   538 − 490 = 48   786 − 160 = 626

page 60
Problem page

Addition/subtraction N27

1. 2009 − 48 = 1961   1961 − 27 = 1934   His mother was born in 1934.
   She will be 78 in 2012   2012 − 1934 = 78.
2. 476 − 198 = 278   278 − 97 = 181   181 passengers are sunbathing.
3. £465 × 4 = £1860   £2000 − £1860 = £140   The Dattan family saves £140.
4. 9620 − 3988 = 5632   5632 fans will get wet.
5. 1000 − 11·2 − 15 = 973·8   Sammy has 973 cm to go.
6. 3465 − 1988 = 1477   1500 − 1477 = 23   The number is 23 less than 1500.
7. 1175 − 876 = 299   876 − 299 = 577   The difference is 577.
8. £642 − £589 = £53   £53 × 4 = £212
   Malaysia will cost £212 more than Egypt.

Photocopy Masters

page 61
Dividing by 2

1. 57
2. 72 ✓
3. 46 ✓
4. 31
5. 90 ✓
6. 45
7. 32 ✓
8. 50 ✓
9. 17
10. 148 ✓
11. 259
12. 307

Dividing by 4

13. 48 ✓
14. 62
15. 78
16. 144 ✓
17. 50
18. 94
19. 438
20. 350
21. 460 ✓
22. 720 ✓
23. 136 ✓
24. 84 ✓

Properties of number N28

page 62
Division rules

Number	÷2	÷4	÷5	÷10	÷100
40	✓	✓	✓	✓	
150	✓		✓	✓	
600	✓	✓	✓	✓	✓
84	✓	✓			
92	✓	✓			
112	✓	✓			
235			✓		
500	✓	✓	✓	✓	✓
468	✓	✓			
225			✓		

Properties of number N28

page 63
Factors

1. 6: 1 × 6, 2 × 3
2. 8: 1 × 8, 2 × 4
3. 9: 1 × 9, 3 × 3
4. 10: 1 × 10, 2 × 5
5. 11: 1 × 11
6. 12: 1 × 12, 2 × 6, 3 × 4
7. 15: 1 × 15, 3 × 5
8. 20: 1 × 20, 2 × 10, 4 × 5
9. 21: 1 × 21, 3 × 7
10. 22: 1 × 22, 2 × 11
11. 24: 1 × 24, 2 × 12, 3 × 8, 4 × 6
12. 25: 1 × 25, 5 × 5

Properties of number N29

Photocopy Masters
page 64
Factors

Properties of number N29

41	1, 41
42	1, 2, 3, 6, 7, 14, 21, 42
43	1, 43
44	1, 2, 4, 11, 22, 44
45	1, 3, 5, 9, 15, 45
46	1, 2, 23, 46
47	1, 47
48	1, 2, 3, 4, 6, 8, 12, 16, 24, 48
49	1, 7, 49
50	1, 2, 5, 10, 25, 50
51	1, 3, 17, 51
52	1, 2, 4, 13, 26, 52
53	1, 53
54	1, 2, 3, 6, 9, 18, 27, 54
55	1, 5, 11, 55
56	1, 2, 4, 7, 8, 14, 28, 56
57	1, 3, 19, 57
58	1, 2, 29, 58
59	1, 59
60	1, 2, 3, 4, 5, 6, 10, 12, 15, 20, 30, 60

page 65
Problem page

Properties of number N29

1. Julia: 50p × 26 = 1300p = £13   Phil: 20p × 67 = 1340p = £13·40
   £13·40 − £13 = £0·40   Phil has saved 40p more.
2. 28 − 6 − 6 = 16   16 ÷ 2 = 8   6 × 8 = 48   Area is 48 cm^2.
3. £2 × 30 = £60   50p × 122 = 6100p = £61   20p × 310 = 6200p = £62
   The bag of £2 coins holds the least. The bag of 20p coins holds the most.
4. Factors of 18 are 1, 2, 3, 6, 9, 18.   Third odd and even factors are 9 and 6.
5. 240 ÷ 8 = 30   30 × 5 = 150   They travelled about 150 miles.
6. Factors of 24 are 1, 2, 3, 4, 6, 8, 12, 24.   3 and 8 differ by 5.
   4 and 6 total 10.

Photocopy Masters

page 65 cont . . .
Properties of number — N29

7. 45 ÷ 5 = 9   Longer sides are 9 cm, 4 cm longer than shorter sides.
   Perimeter = 5 + 5 + 9 + 9 = 28 cm.
8. Mystery number is 15 (factors 1,3,5,15).

page 66
Negative numbers

Place-value — N30

Athens	14 °C
Rome	11 °C
Beijing	9 °C
Montreal	5 °C
Munich	3 °C
Innsbrück	0 °C
Vienna	⁻2 °C
Salzburg	⁻4 °C
Helsinki	⁻7 °C
Oslo	⁻11 °C
Moscow	⁻14 °C

page 67
Negative numbers

Place-value — N30

1. 3 < 7
2. ⁻2 < 4
3. 5 > ⁻3
4. ⁻3 > ⁻5
5. 2 < 6
6. 7 > 4
7. ⁻7 < ⁻3
8. 7 > ⁻4
9. 8 > ⁻3
10. ⁻2 < ⁻1
11. 0 > ⁻3
12. 2 > ⁻1
13. ⁻3 < 5
14. 5 > 0
15. ⁻4 < 0
16. 4 > ⁻2
17. ⁻1 > ⁻3
18. 0 > ⁻6

page 68
Jumping

Place-value — N30

1. ⁻1
2. 6
3. ⁻3
4. ⁻3
5. ⁻7
6. ⁻4
7. up 8
8. up 2
9. down 7
10. down 1
11. up 5
12. up 9
13. up 4
14. down 8
15. down 2
16. down 3
17. up 8
18. down 9
19. down 8
20. up 11
21. up 1
22. down 7

Photocopy Masters

page 69
Multiplying

Multiplication/division **N31**

Estimates and answers will vary.

page 70
Multiplying

Multiplication/division **N31**

1. 17 cm × 24 cm = 408 cm²
3. 22 cm × 31 cm = 682 cm²
5. 22 cm × 43 cm = 946 cm²
2. 16 cm × 21 cm = 336 cm²
4. 14 cm × 26 cm = 364 cm²
6. 18 cm × 32 cm = 576 cm²

page 71
Multiplying

Multiplication/division **N31**

Estimates will vary.
1. 58 × 23 = 1334
4. 27 × 31 = 837
7. 17 × 38 = 646
2. 26 × 19 = 494
5. 46 × 18 = 828
8. 46 × 46 = 2116
3. 45 × 27 = 1215
6. 35 × 29 = 1015
9. 28 × 15 = 420

page 73
Multiplying

Multiplication/division **N32**

1. 6 cm × 2·6 cm = 15·6 cm²
3. 7 cm × 4·1 cm = 28·7 cm²
5. 6 cm × 3·3 cm = 19·8 cm²
2. 9 cm × 3·7 cm = 33·3 cm²
4. 8 cm × 2·8 cm = 22·4 cm²
6. 5 cm × 2·9 cm = 14·5 cm²

page 74
Multiplying

Multiplication/division **N32**

Estimates will vary.
1. 3 × 5·6 = 16·8
4. 6 × 3·7 = 22·2
7. 3 × 12·4 = 37·2
2. 2 × 7·8 = 15·6
5. 4 × 2·8 = 11·2
8. 8 × 10·7 = 85·6
3. 5 × 4·9 = 24·5
6. 7 × 5·4 = 37·8
9. 6 × 9·6 = 57·6

Photocopy Masters

page 75
Multiplying
Multiplication/division **N32**

$3 \times 3.7 = 9.0 + 2.1 = 11.1$
$6 \times 1.9 = 6.0 + 5.4 = 11.4$
$5 \times 3.2 = 15.0 + 1.0 = 16.0$
$9 \times 0.8 = 0 + 7.2 = 7.2$
$5 \times 1.8 = 5.0 + 4.0 = 9.0$
$5 \times 3.5 = 15.0 + 2.5 = 17.5$
$3 \times 2.6 = 6.0 + 1.8 = 7.8$
$4 \times 4.5 = 16.0 + 2.0 = 18.0$

$5 \times 4.2 = 20.0 + 1.0 = 21.0$
$7 \times 2.8 = 14.0 + 5.6 = 19.6$
$7 \times 3.6 = 21.0 + 4.2 = 25.2$
$4 \times 1.7 = 4.0 + 2.8 = 6.8$
$3 \times 4.3 = 12.0 + 0.9 = 12.9$
$6 \times 1.8 = 6.0 + 4.8 = 10.8$
$2 \times 7.3 = 14.0 + 0.6 = 14.6$
$6 \times 2.3 = 12.0 + 1.8 = 13.8$

order:
6·8, 7·2, 7·8, 9·0, 10·8, 11·1, 11·4, 12·9, 13·8, 14·6, 16·0, 17·5, 18·0, 19·6, 21·0, 25·2

page 76
Dividing
Multiplication/division **N33**

Estimates will vary.
1. $67 \div 3 = 22$ r 1
2. $93 \div 4 = 23$ r 1
3. $89 \div 5 = 17$ r 4
4. $74 \div 6 = 12$ r 2
5. $95 \div 3 = 31$ r 2
6. $67 \div 4 = 16$ r 3
7. $116 \div 5 = 23$ r 1
8. $99 \div 7 = 14$ r 1
9. $107 \div 6 = 17$ r 5

page 77
Dividing
Multiplication/division **N33**

Estimates will vary.
Five possibilities for each answer:
1. $507 \div 2 = 253$ r 1 $507 \div 3 = 169$ $507 \div 4 = 126$ r 3
   $507 \div 5 = 101$ r 2 $507 \div 6 = 84$ r 3
2. $289 \div 2 = 144$ r 1 $289 \div 3 = 96$ r1 $289 \div 4 = 72$ r 1
   $289 \div 5 = 57$ r 4 $289 \div 6 = 48$ r1
3. $176 \div 2 = 88$ $176 \div 3 = 58$ r 2 $176 \div 4 = 44$
   $176 \div 5 = 35$ r 1 $176 \div 6 = 29$ r 2
4. $465 \div 2 = 232$ r 1 $465 \div 3 = 155$ $465 \div 4 = 116$ r 1
   $465 \div 5 = 93$ $465 \div 6 = 77$ r 3
5. $615 \div 2 = 307$ r 1 $615 \div 3 = 205$ $615 \div 4 = 153$ r 3
   $615 \div 5 = 123$ $615 \div 6 = 102$ r 3
6. $732 \div 2 = 366$ $732 \div 3 = 244$ $732 \div 4 = 183$
   $732 \div 5 = 146$ r 2 $732 \div 6 = 122$

Photocopy Masters

page 78
Problem page — Multiplication/division N33

1. 14 + 5 − 8 = 11   The temperature at 7 o'clock was 11 °C.
2. ⁻3 − 2 = ⁻5   ⁻5 + 4 = ⁻1   Mystery number is ⁻1.
3. 143 × 4 = 572   Clare travels 572 miles.
4. £42 × 3 = £126   £126 + £186 = £312   £312 × 3 = £936   It will cost £936.
5. 4·2 cm × 5 = 21·0 cm   The perimeter is 21 cm.
6. 19·2 cm ÷ 6 = 3·2 cm   Each side is 3·2 cm.
7. 41 × 16 = 656   750 − 656 = 94   94 people will not get a ticket.
8. 34 + 28 = 62   18p × 62 = 1116p = £11·16   The school has raised £11·16.

page 79
Dividing — Multiplication/division N34

Estimates will vary.

1. 87 ÷ 2 = 43 r 1
2. 87 ÷ 3 = 29
3. 87 ÷ 4 = 21 r 3
4. 87 ÷ 5 = 17 r 2
5. 87 ÷ 6 = 14 r 3
6. 87 ÷ 7 = 12 r 3
7. 87 ÷ 8 = 10 r 7
8. 87 ÷ 9 = 9 r 6
9. 87 ÷ 10 = 8 r 7

page 80
Dividing — Multiplication/division N34

Estimates will vary.

1. 152 ÷ 7 = 21 r 5
2. 109 ÷ 3 = 36 r 1
3. 261 ÷ 5 = 52 r 1
4. 187 ÷ 8 = 23 r 3
5. 156 ÷ 4 = 39
6. 223 ÷ 7 = 31 r 6
7. 254 ÷ 9 = 28 r 2
8. 178 ÷ 6 = 29 r 4
9. 213 ÷ 8 = 26 r 5

page 81
Rounding decimals — Fractions/decimals N35

A: 5·3 → 5   B: 6·5 → 7   C: 6·1 → 6   D: 6·9 → 7   E: 5·7 → 6
F: 6·4 → 6   G: 1·1 → 1   H: 0·5 → 1   I: 1·6 → 2   J: 0·2 → 0
K: 1·3 → 1   L: 0·8 → 1   M: 3·9 → 4   N: 3·1 → 3   P: 4·4 → 4
Q: 3·5 → 4   R: 4·7 → 5   S: 4·2 → 4

Photocopy Masters

page 82
Rounding to the nearest whole number   Fractions/decimals **N35**

1. 4·7 or 4·9 → 5
2. 4·1 → 4
3. 7·9 → 8
4. 7·4 → 7
5. 1·7 or 1·9 → 2
6. 1·4 → 1
7. 9·1 or 9·4 → 9
8. 9·7 → 10

9. 1·6 or 1·8 → 2
10. 3·6 or 3·8 → 4
11. 6·8 → 7
12. 8·1 or 8·3 → 8
13. 8·6 → 9
14. 1·3 → 1
15. 3·1 → 3
16. 6·1 or 6·3 → 6

page 84
Adding decimals   Fractions/decimals **N36**

+	2·7	0·5	1·9	3·8
0·8	3·5	1·3	2·7	4·6
3·6	6·3	4·1	5·5	7·4
2·4	5·1	2·9	4·3	6·2
5·7	8·4	6·2	7·6	9·5

+	1·23	1·86	3·15	2·28
2·45	3·68	4·31	5·60	4·73
3·24	4·47	5·10	6·39	5·52
1·78	3·01	3·64	4·93	4·06
2·09	3·32	3·95	5·24	4·37

page 85
Subtracting decimals   Fractions/decimals **N36**

d	6·7	5·9	2·8	0·7
2·4	4·3	3·5	0·4	1·7
7·9	1·2	2·0	5·1	7·2
1·3	5·4	4·6	1·5	0·6
4·6	2·1	1·3	1·8	3·9

Photocopy Masters
page 85 cont...

Fractions/decimals **N36**

d	6·84	3·04	5·43	1·72
1·91	4·93	1·13	3·52	0·19
2·23	4·61	0·81	3·20	0·51
0·76	6·08	2·28	4·67	0·96
3·95	2·89	0·91	1·48	2·23

page 86
Percentages

Percentages **N37**

1. 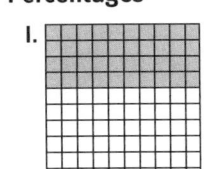 40%
2. 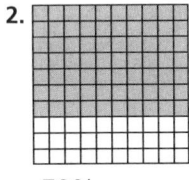 70%
3. 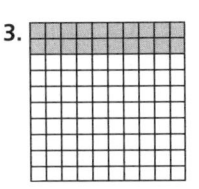 20%
4. 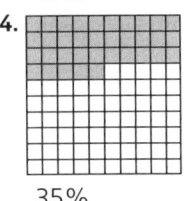 35%
5. 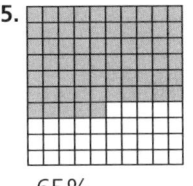 65%
6. 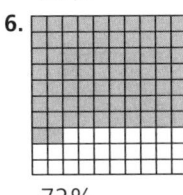 72%
7. 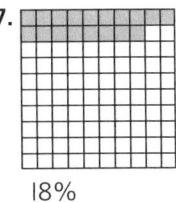 18%
8. 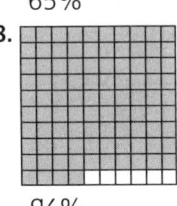 94%
9. 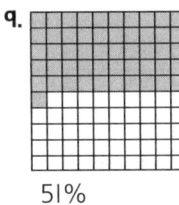 51%

Photocopy Masters

page 88
Problem page   Percentages   N37

1. 139 ÷ 6 = 23 r 1   There is 1 tulip left over.   There are 23 tubs for sale.
2. 130 ÷ 7 = 18 r 4   It will take 19 weeks.
3. £2·10 + £1·85 + £1·25 = £5·20   50% of £5·20 = £2·60   It costs £2·60.
4. 10 − 2 = 8   8 × 2 = 16   Mystery number is 16.
5. 50% of 42p = 21p $\frac{2}{3}$ of 60p = 40p   40p − 21p = 19p
   The difference is 19p.
6. 3·7 km − 2·9 km = 0·8 km   It is 0·8 km less to walk through the park.
   3·7 km + 2·9 km = 6·6 km   It is 6·6 km to go along the pavement and come back through the park.
7. £5·32 − £3·68 = £1·64   Jake's meal costs £1·64 more than Kim's meal.
   £5·32 − £4·75 = £0·57   Jake's meal costs 57p more than Mai-lin's meal.
   £5·32 + £3·68 + £4·75 = £13·75   £20 − £13·75 = £6·25
   There will be £6·25 change.
8. 4·3 + 5·7 = 10   5·7 − 4·3 = 1·4   The numbers are 5·7 and 4·3.

page 89
The next whole number   Addition/subtraction   N38

A   5·9 + 0·1 = 6   B   6·6 + 0·4 = 7   C   3·6 + 0·4 = 4
D   0·9 + 0·1 = 1   E   8·8 + 0·2 = 9   F   7·5 + 0·5 = 8
G   4·3 + 0·7 = 5   H   1·4 + 0·6 = 2   I   18·7 + 0·3 = 19
J   16·6 + 0·4 = 17   K   11·7 + 0·3 = 12   L   13·5 + 0·5 = 14
M   10·6 + 0·4 = 11   N   14·1 + 0·9 = 15   P   19·6 + 0·4 = 20
Q   15·1 + 0·9 = 16

page 90
The next whole number   Addition/subtraction   N38

1. 1·4 + 0·6 = 2·0   2. 3·9 + 0·1 = 4·0   3. 6·2 + 0·8 = 7·0
4. 2·5 + 0·5 = 3·0   5. 4·8 + 0·2 = 5·0   6. 7·1 + 0·9 = 8·0
7. 2·3 + 0·7 = 3·0   8. 0·6 + 0·4 = 1·0   9. 8·9 + 0·1 = 9·0
10. 3·7 + 0·3 = 4·0   11. 4·5 + 0·5 = 5·0   12. 5·3 + 0·7 = 6·0
13. 0·2 + 0·8 = 1·0   14. 1·8 + 0·2 = 2·0   15. 5·7 + 0·3 = 6·0
16. 6·6 + 0·4 = 7·0   17. 3·4 + 0·6 = 4·0   18. 2·6 + 0·4 = 3·0
19. 1·5 + 0·5 = 2·0   20. 7·1 + 0·9 = 8·0

Photocopy Masters

page 91
Adding

Addition/subtraction N39

Estimates will vary.
1. 1·52 + 2·36 = 3·88
2. 1·78 + 2·45 = 4·23
3. 7·52 + 8·36 = 15·88
4. 3·28 + 1·95 = 5·23
5. 2·76 + 3·41 = 6·17
6. 5·86 + 2·35 = 8·21
7. 6·42 + 5·31 + 2·47 = 14·20
8. 5·18 + 2·97 + 1·08 = 9·23
9. 4·56 + 3.87 + 6·92 = 15·35
10. 3·17 + 4·86 + 1·09 = 9·12
11. 2·08 + 3·95 + 0·72 = 6·75
12. 11·46 + 9·74 + 5·48 = 26·68

page 93
Using known facts

Addition/subtraction N40

1. Double 148 is 296.
2. 325 more than 148 is 473.
3. The difference between 148 and 473 is 325.
4. Half of 296 is 148.
5. The total of 148 and 605 is 753.
6. 148 subtracted from 753 is 605.
7. 473 is 148 more than 325.
8. 753 take away 605 is 148.
9. 148 and 605 have a total of 753.
10. 325 differs from 473 by 148.
11. 148 is 605 less than 753.

page 94
Subtracting decimals

Addition/subtraction N41

Estimates and answers will vary.

page 95
Subtracting decimals

Addition/subtraction N41

Estimates will vary.
1. 45·6 − 21·2 = 24·4
2. 38·9 − 14·3 = 24·6
3. 23·8 − 12·6 = 11·2
4. 36·5 − 15·4 = 21·1
5. 22·1 − 1·4 = 20·7
6. 17·5 − 6·7 = 10·8
7. 54·2 − 33·3 = 20·9
8. 19·4 − 17·6 = 1·8
9. 44·7 − 12·3 = 32·4
10. 37·3 − 23·1 = 14·2
11. 43·8 − 31·7 = 12·1
12. 56·3 − 24·4 = 31·9
13. 38·5 − 13·1 = 25·4
14. 42·5 − 21·9 = 20·6
15. 65·5 − 42·4 = 23·1
16. 79·2 − 38·7 = 40·5

Photocopy Masters

page 97
Odds and evens

Properties of number N42

1. O + O = E
2. E + E = E
3. E + O = O
4. O + E = O
5. O − O = E
6. E − E = E
7. O − E = O
8. E − O = O
9. E + E + E = E
10. E + O + E = O
11. O + E + O = E
12. O + E − O = E
13. E + O − E = O
14. E − E + O = O
15. O + E + O + E = E
16. E + O + O + O = O
17. E + E + E + O = O
18. O − E + O − E = E
19. O + E + O + E + O = O
20. E + O + O + E + E = E

page 98
Square numbers

Properties of number N43

73	74	75	76	77	78	79	80	81	82
72	43	44	45	46	47	48	49	50	83
71	42	21	22	23	24	25	26	51	84
70	41	20	7	8	9	10	27	52	85
69	40	19	6	1→	2	11	28	53	86
68	39	18	5←	4←	3	12	29	54	87
67	38	17	16	15	14	13	30	55	88
66	37	36	35	34	33	32	31	56	89
65	64	63	62	61	60	59	58	57	90
100	99	98	97	96	95	94	93	92	91

The square numbers lie on 2 diagonal lines; the odd square numbers going up to the right, the even square numbers going down to the left.

Photocopy Masters

page 99
Mystery numbers

Properties of number **N43**

1. 5
2. 3
3. 7
4. 1
5. 6
6. 8
7. 7
8. 9
9. 8
10. 9
11. 3
12. 2

page 100
Length

Length **M1**

1. 2·8 m = 280 cm = 2800 mm
2. 1·3 m = 130 cm = 1300 mm
3. 0·8 m = 80 cm = 800 mm
4. 1·2 m = 120 cm = 1200 mm
5. 3·1 m = 310 cm = 3100 mm
6. 3·4 m = 340 cm = 3400 mm
7. 0·7 m = 70 cm = 700 mm

page 101
Length

Length **M1**

1. 10 mm = 1 cm
2. $1\frac{1}{2}$ m = 150 cm
3. 1 m = 100 cm
4. 40 mm = 4 cm
5. 50 mm = 5 cm
6. 1·4 m = 140 cm
7. 120 mm = 12 cm
8. 15 mm = 1·5 cm

9. 1 cm = 10 mm
10. 1 m = 1000 mm
11. $\frac{1}{2}$ m = 500 mm
12. $\frac{1}{2}$ cm = 5 mm
13. 3 cm = 30 mm
14. 2 cm 3 mm = 23 mm
15. 3·4 cm = 34 mm
16. 2·3 cm = 23 mm

17. 100 cm = 1 m
18. 150 cm = 1·5 m
19. 1000 mm = 1 m
20. 270 cm = 2·7 m
21. 300 cm = 3 m
22. 50 cm = 0·5 m
23. 2000 mm = 2 m
24. 137 cm = 1·37 m

page 102
Miles and kilometres

Length **M1**

1. 5 miles < 10 km
2. 10 km < 10 miles
3. 12 miles < 25 km
4. 4 miles > 5 km
5. 50 km > 20 miles
6. 1 mile < 2 km
7. $\frac{1}{2}$ km < 1 mile
8. 4 km < 3 miles
9. 20 km < 15 miles
10. 15 km < 20 miles
11. 30 km < 25 miles
12. 50 km < 40 miles
13. 60 miles > 80 km
14. 100 km > 50 miles
15. 12 miles < 30 km
16. 6 miles > 9 km

Photocopy Masters

page 103
Grams and kilograms   Weight M2

1. 330 g
2. 660 g
3. 800 g
4. 1300 g
5. 800 g
6. 3400 g
7. 350 g
8. 2200 g
9. 5800 g
10. 3000 g
11. 4000 g
12. 12,000 g

page 104
Area of a rectangle   Area M3

Answers will vary. Possible dimensions in cm:
1. 3 × 5
2. 1 × 8 or 2 × 4
3. 4 × 5
4. 2 × 6 or 3 × 4
5. 3 × 6
6. 2 × 8 or 4 × 4

page 105
Holes   Area M3

1. 48 cm²
2. 36 cm²
3. 22 cm²
4. 62 cm²
5. 24 cm²
6. 57 cm²

page 106
Perimeter   Perimeter M4

Rectangle	A	B	C	D	E	F	G	H	I	J
Perimeter (cm)	9.8	15.2	6.6	11.2	12.2	17.2	17.4	12.6	19.2	24.4

page 107
Perimeter   Perimeter M4

Estimates will vary.
- A 6 + 6 + 3 + 3 = 18 cm
- B 5 + 6.4 + 8.9 + 4 = 24.3 cm
- C 10.2 + 2.7 + 11 = 23.9 cm
- D 8.7 + 3.2 + 3.9 + 12.1 = 27.9 cm
- E 6 + 11.7 + 11.7 = 29.4 cm
- F 4.5 + 5 + 2.7 + 9.6 + 3.2 = 25 cm

Photocopy Masters

page 108
Capacity M5

Litres, pints and gallons

1. 1 litre > 1 pint
2. 2 litres < 6 pints
3. 5 pints > 2 litres
4. 10 pints > 4 litres
5. 10 litres < 15 pints
6. 14 pints > 5 litres
7. 3 pints < 2 litres
8. 9 pints > 3 litres
9. 20 litres > 30 pints
10. 5 litres < 50 pints
11. 10 pints > 1 gallon
12. 30 pints < 4 gallons
13. 50 litres > 80 pints
14. 150 pints < 100 litres
15. $\frac{1}{2}$ gallon < 4 litres
16. 5 gallons > 15 litres

page 109
Time M6

Seconds, minutes, hours, days, weeks, months, years

1. $1\frac{1}{2}$ hours = 90 minutes
2. 10 hours = 600 minutes
3. 300 seconds = 5 minutes
4. $\frac{1}{2}$ day = 720 minutes
5. 2 minutes = 120 seconds
6. $3\frac{1}{2}$ minutes = 210 seconds
7. 10 minutes = 600 seconds
8. 1 minute 35 seconds = 95 seconds
9. 150 minutes = $2\frac{1}{2}$ hours
10. 2 days = 48 hours
11. 1 week = 168 hours
12. 3600 seconds = 1 hour
13. 2 weeks = 14 days
14. 60 hours = $2\frac{1}{2}$ days
15. January = 31 days
16. $\frac{1}{2}$ year = $182\frac{1}{2}$ or 183 days

page 110
Time M7

24-hour clock

1. 13:15
2. 19:30
3. 15:46
4. 14:27
5. 17:18
6. 20:51
7. 14:20
8. 17:50
9. 20:30
10. 15:56
11. 16:45
12. 13:46

Photocopy Masters

page 111
a.m. and p.m.

Time — M7

1. 19:30 → 7:30 p.m.
2. 03:20 → 3:20 a.m.
3. 17:40 → 5:40 p.m.
4. 10:50 → 10:50 a.m.
5. 08:10 → 8:10 a.m.
6. 20:15 → 8:15 p.m.
7. 11:45 → 11:45 a.m.
8. 16:25 → 4:25 p.m.
9. 15:35 → 3:35 p.m.
10. 05:55 → 5:55 a.m.
11. 06:15 → 6:15 a.m.
12. 13:25 → 1:25 p.m.

page 112
Parallel

2-d shape — S1

Answers will vary.

page 113
Mystic rose

2-d shape — S2

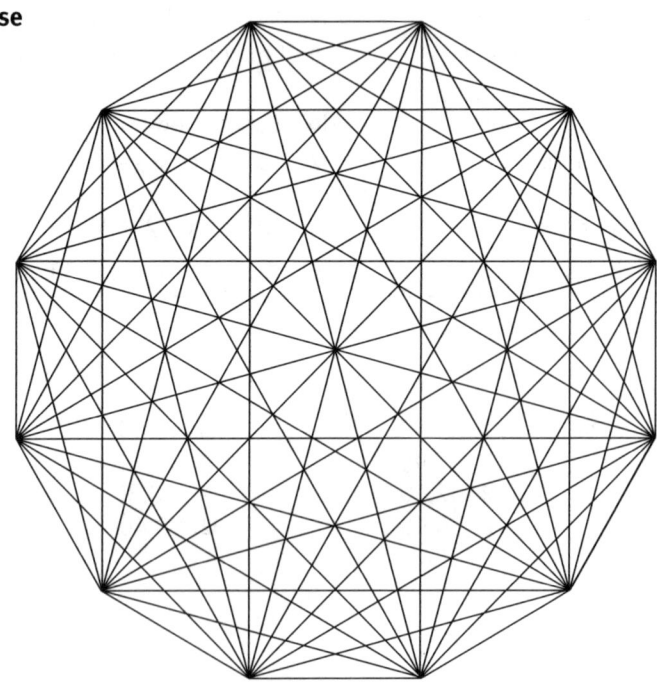

Photocopy Masters
page 114
Types of triangle

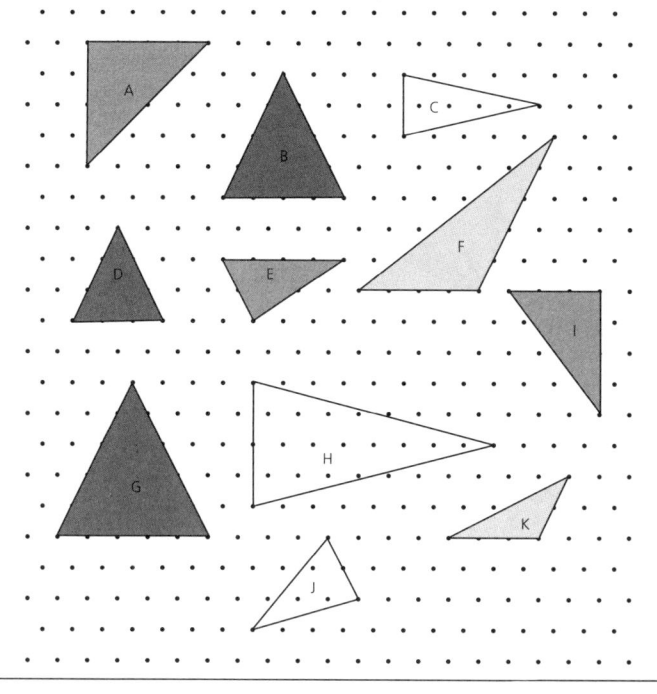

2-d shape S3

Right-angled: A, I, E   Isosceles: C, H, J   Equilateral: B, D, G   Scalene: F, K

page 116
Symmetry

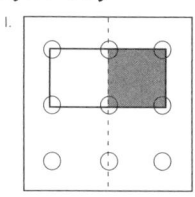

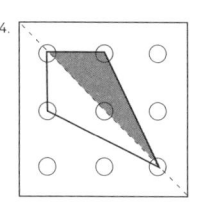

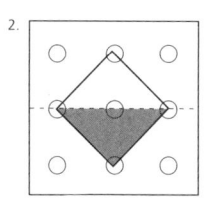

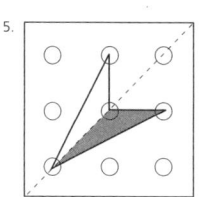

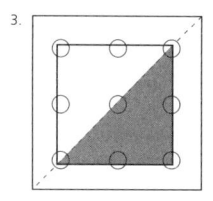

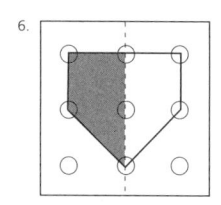

Symmetry S4

1.
2.
3.
4.
5.
6.

Photocopy Masters
page 116 cont . . . Symmetry S4

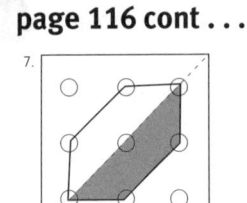

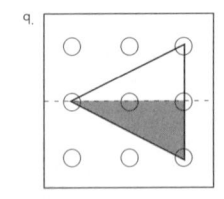

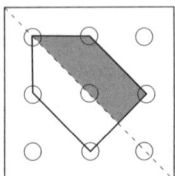

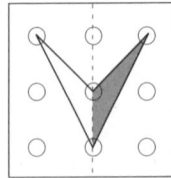

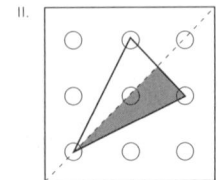

page 117 3-d shape S5
Naming shapes
1. cone
2. cuboid
3. square-based pyramid
4. sphere
5. cube
6. cylinder
7. triangular prism
8. triangular-based pyramid or tetrahedron
9. cone
10. cylinder
11. cuboid
12. hexagonal prism

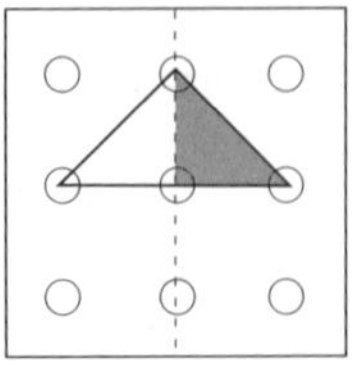

page 119 Rotation S6
Rotations

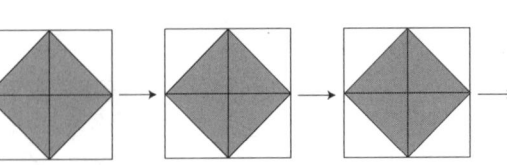

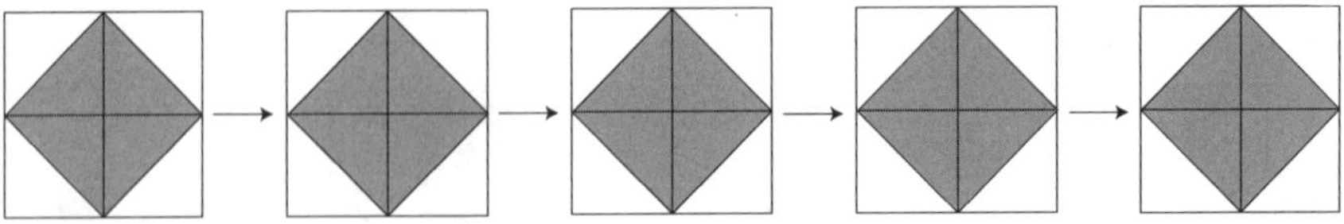

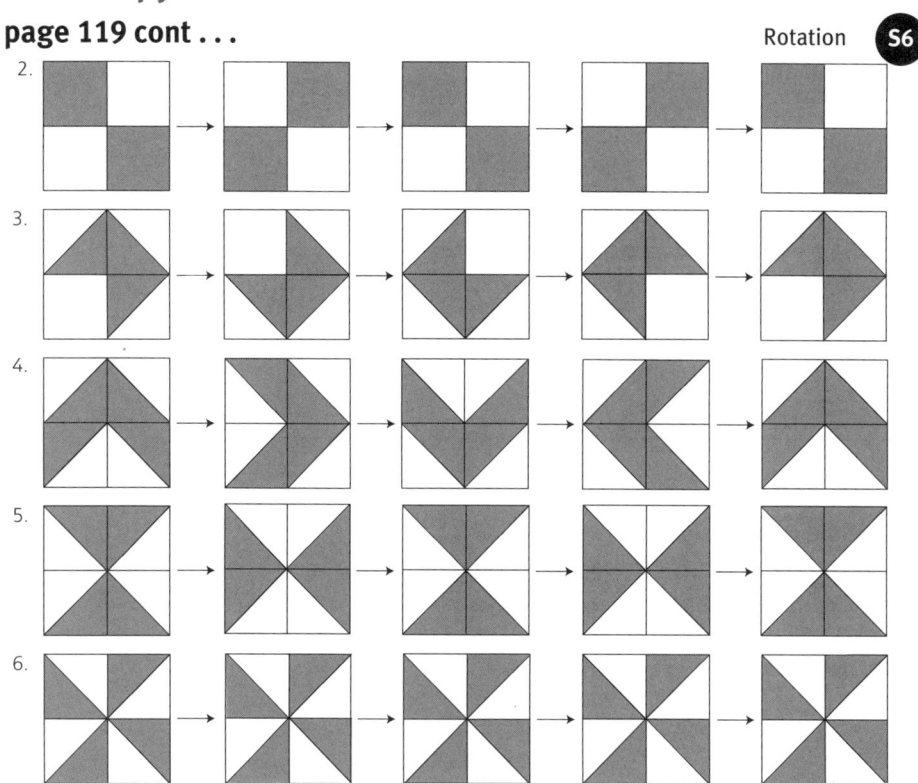

Photocopy Masters
page 119 cont . . .

Rotation — S6

2.
3.
4.
5.
6.

---

page 121
Angles

Angle — S8

1. 140°
2. 50°
3. 145°
4. 104°
5. 93°
6. 58°
7. 133°
8. 61°
9. 49°
10. 23°
11. 57°

---

page 122
Measuring angles

Angle — S9

angle	a	b	c	d	e	f	g	h
size	35°	107°	50°	65°	31°	135°	125°	78°

Photocopy Masters

page 123
Types of angle

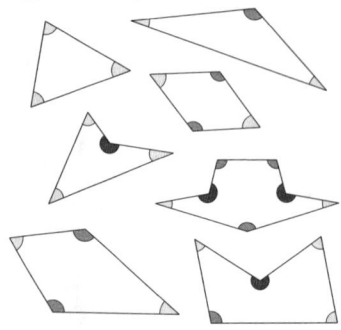

Angle S10

---

page 125
Bar-line graphs

Bar-line graphs D1

1. 8
2. 2
3. 4
4. October
5. January
6. March
7. 2
8. 6
9. September
10. November
11. 65
12. 18
13. 14
14. 23
15. 10

---

page 126
Temperature graph

Line graphs D2

1. 18 °C
2. 21 °C
3. 19 °C
4. 15·5 °C
5. 22·5 °C
6. 18·5 °C
7. 13:00 and 15:30
8. 10:30 and 18:30
9. 11:30 and 18:00
10. temperature rises from 18 °C to 23 °C
11. temperature falls from 23 °C to 15 °C
12. temperature rises from 15·5 °C to 19 °C

---

page 127
Ticks

Probability D3

1. Impossible.
2. Answers will vary.
3. Answers will vary.
4. Answers will vary.
5. Answers will vary.
6. Answers will vary.
7. Answers will vary.
8. Impossible.
9. Certain.
10. Certain.